Historia del México Antiguo

Una guía fascinante del México precolombino y sus civilizaciones, como los olmecas, los mayas, los zapotecas, los mixtecos, los toltecas y los aztecas

© Copyright 2024

Todos los derechos reservados. Ninguna parte de este libro puede ser reproducida de ninguna forma sin el permiso escrito del autor. Los revisores pueden citar breves pasajes en las reseñas.

Descargo de responsabilidad: Ninguna parte de esta publicación puede ser reproducida o transmitida de ninguna forma o por ningún medio, mecánico o electrónico, incluyendo fotocopias o grabaciones, o por ningún sistema de almacenamiento y recuperación de información, o transmitida por correo electrónico sin permiso escrito del editor.

Si bien se ha hecho todo lo posible por verificar la información proporcionada en esta publicación, ni el autor ni el editor asumen responsabilidad alguna por los errores, omisiones o interpretaciones contrarias al tema aquí tratado.

Este libro es solo para fines de entretenimiento. Las opiniones expresadas son únicamente las del autor y no deben tomarse como instrucciones u órdenes de expertos. El lector es responsable de sus propias acciones.

La adhesión a todas las leyes y regulaciones aplicables, incluyendo las leyes internacionales, federales, estatales y locales que rigen la concesión de licencias profesionales, las prácticas comerciales, la publicidad y todos los demás aspectos de la realización de negocios en los EE. UU., Canadá, Reino Unido o cualquier otra jurisdicción es responsabilidad exclusiva del comprador o del lector.

Ni el autor ni el editor asumen responsabilidad alguna en nombre del comprador o lector de estos materiales. Cualquier desaire percibido de cualquier individuo u organización es puramente involuntario.

Tabla de contenidos

INTRODUCCIÓN..1
PRIMERA PARTE: CIVILIZACIONES CLAVE 4
   CAPÍTULO 1: LOS OLMECAS...5
   CAPÍTULO 2: LOS MAYAS..14
   CAPÍTULO 3: LOS ZAPOTECAS...25
   CAPÍTULO 4: LOS MIXTECOS..33
   CAPÍTULO 5: LOS TOLTECAS..41
   CAPÍTULO 6: LOS AZTECAS...50
SEGUNDA PARTE: PERÍODOS HISTÓRICOS..60
   CAPÍTULO 7: MÉXICO PRECLÁSICO (1900 A. C.-250 D. C.) 61
   CAPÍTULO 8: MÉXICO EN EL PERÍODO CLÁSICO (250-900 D. C.)..........................70
   CAPÍTULO 9: MÉXICO DEL POSCLÁSICO (900-1521 D. C.) 79
TERCERA PARTE: LA LUCHA POR EL MÉXICO ANTIGUO 87
   CAPÍTULO 10: PREPARÁNDOSE PARA LA BATALLA 88
   CAPÍTULO 11: LA CONQUISTA ESPAÑOLA Y SUS SECUELAS................................96
CUARTA PARTE: UN LEGADO INOLVIDABLE...107
   CAPÍTULO 12: FIGURAS LEGENDARIAS..108
   CAPÍTULO 13: ARTE, ARQUITECTURA Y ARTEFACTOS......................................117
   CAPÍTULO 14: CIUDADES ANTIGUAS 129
   CAPÍTULO 15: MITOLOGÍA Y COSMOLOGÍA ANTIGUAS....................................138
   CAPÍTULO 16: CULTURA Y LEGADO DE LA ANTIGUA MÉXICO........147
CONCLUSIÓN..155

VEA MÁS LIBROS ESCRITOS POR ENTHRALLING HISTORY 158
BIBLIOGRAFÍA 159

Introducción

En el Lago de la Luna se encontraba la idílica ciudad isleña de Aztlán, donde elegantes garzas blancas se alzaban majestuosas entre los juncos. El lago estaba repleto de peces grandes, los patos remaban en las aguas poco profundas y los brillantes pájaros cantores amarillos y rojos revoloteaban entre los árboles. En medio de esta pintoresca isla se alzaba una alta colina, y bajo sus escarpadas laderas había siete cuevas. Siete tribus surgieron de estas siete cuevas, según los mitos del génesis mexica. Llamados colectivamente los aztecas por su isla de origen, las siete tribus abandonaron la isla una por una. La última en desaparecer fue la mexica, hace unos nueve siglos.

¿Por qué abandonaron su isla de abundancia? Esta parte de la historia no está clara; Tal vez ocurrió algún evento traumático, como una invasión o un terremoto. Pero su cómoda vida terminó abruptamente cuando comenzaron a vagar por el desierto del noroeste de México en "una tierra que se volvió contra ellos". Rocas dentadas, cactus y cardos desgarraban sus pies mientras esquivaban serpientes de cascabel que se deslizaban y monstruos venenosos de Gila. Los mexicas finalmente surgieron en el Valle de México, la meseta de las tierras altas en el centro de México que abarca la actual Ciudad de México, donde sus seis tribus parientes ya se habían asentado.[1]

---

[1] Wayne Elzey, "Una colina en una tierra rodeada de agua: una historia azteca de origen y destino", *Historia de las Religiones,* 31, no. 2 (1991):105-49. http://www.jstor.org/stable/1063021.

Durante miles de años antes de que las siete tribus aztecas llegaran al centro de México, otras civilizaciones fascinantes gobernaron el centro y el sur de México. Los olmecas erigieron pirámides y palacios en la costa del Golfo a partir del año 1.600 a. C. Más tarde, los teotihuacanos construyeron la ciudad más grande de América en la esquina noreste del Valle de México. Aunque hoy en día se están desmoronando, las majestuosas ruinas son un testimonio asombroso de las dos civilizaciones avanzadas que existían cuando llegaron los mexicas.

Los mayas, contemporáneos de los olmecas, construyeron sus espectaculares ciudades en las selvas y tierras altas de la península de Yucatán, el sur de México y América Central. Los artísticos zapotecas y mixtecos surgieron en los últimos días de los olmecas, prosperando en las regiones de Puebla y Oaxaca del sur de México, extendiéndose hasta la costa del Pacífico. Los poderosos toltecas llegaron al centro de México en la época de la caída de Teotihuacán, pero su gran civilización implosionó antes de que llegaran los aztecas.

Este libro explora las historias interrelacionadas de las notables civilizaciones que dejaron una huella indeleble en la historia de México. Desentrañaremos las historias de sus figuras legendarias, examinaremos el arte y la arquitectura de estas magníficas culturas y aprenderemos sobre sus guerras épicas, mitología y prácticas religiosas. Por último, hablaremos de lo que sucedió cuando los barcos españoles llegaron a las costas de México a principios del siglo XVI.

El aprendizaje de la historia tiene múltiples beneficios. Nos ayuda a entender por qué las cosas son como son hoy. Capturamos conocimientos valiosos que podemos aplicar a escenarios modernos a partir de las victorias fenomenales y los fracasos estrepitosos del pasado. Si bien algunas de las culturas antiguas de México contrastan con el México de hoy, algunas cosas no han cambiado mucho. Exploremos los misterios mágicos del México antiguo y descubramos un legado que continúa impactando nuestro mundo hoy en día.

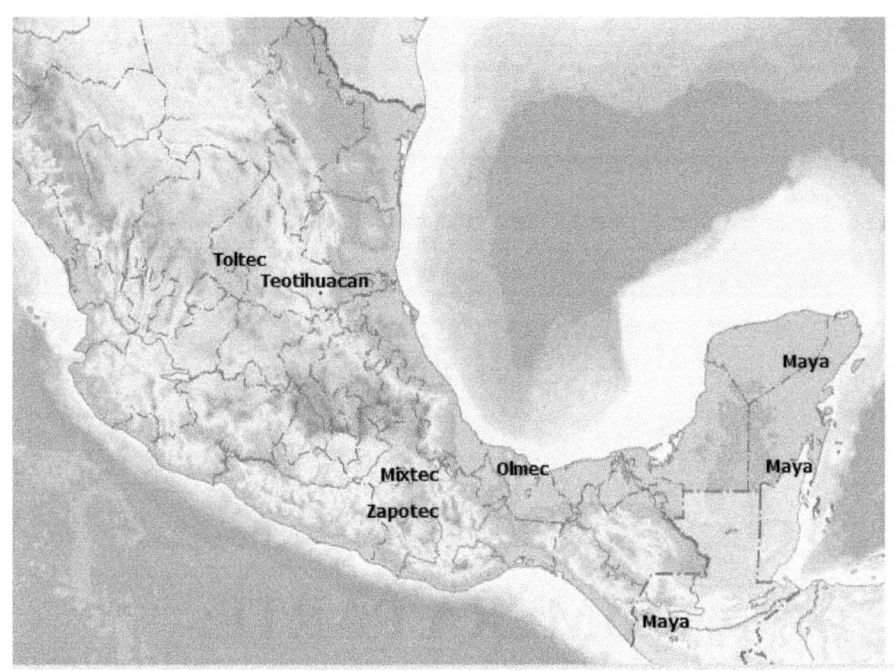

Civilizaciones preaztecas en México
Foto modificada: ampliada, etiquetas añadidas. Crédito: Addicted04, CC BY-SA 3.0 <https://creativecommons.org/licenses/by-sa/3.0>, vía Wikimedia Commons; https://commons.wikimedia.org/wiki/File:Mexico_topographic_map-blank_2.svg

PRIMERA PARTE:
Civilizaciones clave

Capítulo 1: Los olmecas

Chocolate, cabezas colosales y pelotas de goma: ¡los olmecas las inventaron todas! También construyeron la primera pirámide conocida en América del Norte. Como la "cultura madre" de Mesoamérica (la región desde el centro de México hasta Costa Rica), la cultura olmeca evolucionó hasta convertirse en una civilización superior sin ninguna influencia externa conocida. Sus prototipos culturales, que las civilizaciones mesoamericanas posteriores copiaron, incluían pirámides, escritura de glifos y alineación de sus ciudades de acuerdo con su calendario religioso de 260 días.[2]

La civilización olmeca surgió en la región pantanosa y cálida cerca del golfo de México, lo que hoy es Veracruz y Tabasco. Alrededor del año 8.000 a. C., el comienzo del período Arcaico Mesoamericano, los cazadores y recolectores comenzaron a adoptar un estilo de vida agrícola más sedentario. El maíz se convirtió en el cultivo básico en las aldeas agrícolas de los pre-olmecas alrededor del año 2.500 a. C. Los olmecas pasaron de ser agricultores primitivos a convertirse en la primera civilización compleja de Mesoamérica alrededor del año 1.800 a. C., cerca del comienzo del período Preclásico de Mesoamérica. Los olmecas introdujeron en América del Norte sus primeras ciudades, pirámides, calendario, sistema de escritura y acueductos.

---

[2] Ronald A. Grennes-Ravitz y G. H. Coleman, "El papel por excelencia de los olmecas en el altiplano central de México: una refutación", *Antigüedad Americana* 41, núm. 2 (1976): 196. https://doi.org/10.2307/279172.

No tenemos idea de cómo se llamaban a sí mismos los olmecas, pero en el idioma náhuatl de los aztecas, "olmeca" significaba "gente de caucho". Los olmecas descubrieron que si mezclaban la savia de los árboles de caucho con la savia de las enredaderas de gloria de la mañana, la sustancia viscosa resultante era lo suficientemente flexible como para envolver las rocas. El caucho tiene muchos usos prácticos, pero para los olmecas, el punto principal de la invención del caucho fue para pelotas que rebotaban.[3]

Los olmecas jugaban un juego de pelota con estas pelotas de goma. El partido consistía en dos equipos en un patio hundido con una portería en cada extremo. En este juego similar al fútbol, que los aztecas más tarde llamaron ulama, los jugadores golpean la pelota con las caderas, los antebrazos y la cabeza para moverla hacia su portería. El juego se convirtió en una parte intrínseca de la cultura mesoamericana y se conectó con las festividades religiosas. Casi dos mil canchas de pelota antiguas han sido desenterradas en México y Centroamérica. Los aldeanos de Sinaloa, México, todavía tocan una versión de ulema hoy en día.

Corazón olmeca
Versión original autor Madman2001, versión editada autor:RG, CC BY 3.0 <https://creativecommons.org/licenses/by/3.0>, vía Wikimedia Commons; https://commons.wikimedia.org/wiki/File:800px-Olmec_Heartland_Overview_5.jpg

---

[3] Dorothy Hosler, et al., "Polímeros prehistóricos: procesamiento del caucho en la antigua Mesoamérica", *Ciencia*, 18 de junio de 1999, 1988-91. doi:10.1126/science.284.5422.1988. OCLC 207960606. PMID 10373117.

El primer centro ceremonial conocido de los olmecas fue El Manatí, construido alrededor del año 1.700 a. C. al pie del Cerro Manatí, en las llanuras pantanosas del río Coatzacoalcos. Y, sí, ya tenían pelotas de goma. Los arqueólogos encontraron doce bolas, treinta y siete bustos humanos de madera tallada, cabezas de hacha de jade y esqueletos de bebés recién nacidos, posiblemente sacrificios humanos.

Los primeros olmecas bebían chocolate hace unos 3.700 años. Los investigadores analizaron residuos en el fondo de una vasija de cerámica en El Manatí y encontraron teobromina, un químico alcaloide en la planta de cacao. Más tarde, los arqueólogos descubrieron más de veinte tazas con residuos de chocolate en el sitio olmeca de San Lorenzo. Los ingeniosos olmecas habían descubierto cómo fermentar y tostar granos de cacao para hacer una bebida de chocolate.[4]

Cuando los olmecas no estaban jugando a la pelota o bebiendo chocolate, trabajaban duro en la construcción de ciudades. Después de establecerse a lo largo del río Coatzacoalcos alrededor del año 1.450 a. C., los olmecas transportaron toneladas de tierra en canastas para construir una meseta de 140 acres con terrazas que descendían a los humedales. Construyeron su primera pequeña ciudad, conocida hoy como San Lorenzo, alrededor del año 1.200 a. C. en esta meseta a orillas del río Coatzacoalcos, en el sureste de Veracruz. San Lorenzo era un centro religioso y comercial con una población de unos cinco mil habitantes, aunque servía a unas trece mil personas en las comunidades agrícolas de los alrededores que cubrían treinta millas cuadradas. Otros dos pueblos olmecas se encontraban junto al río al norte y al sur de San Lorenzo.

Otra maravilla pionera olmeca fue un complejo sistema de acueductos con tuberías subterráneas que transportaban agua dulce de manantial a San Lorenzo. El primer sistema de drenaje de conductos conocido del hemisferio occidental presentaba 300 toneladas de canales de basalto en forma de U con cubiertas removibles que viajaban sobre una línea principal de 550 pies. Desembocaba en una cisterna con forma de pato que tenía la talla de un pato.[5]

Un sello distintivo de la cultura olmeca eran sus cabezas colosales, que medían unos tres metros de altura y pesaban alrededor de ocho toneladas.

---

[4] T. G. Powis, et al., "El uso del cacao y el olmeca de San Lorenzo", *Actas de la Academia Nacional de Ciencias*, 108(21) (2011): 8595-600.

[5] Alison Bailey Kennedy, "Ecce Bufo: El Sapo en la Naturaleza y en la Iconografía Olmeca", *Antropología Actual* 23, no. 3 (1982): 286-7. http://www.jstor.org/stable/2742313.

Los olmecas los tallaron en basalto, una roca formada por lava que se enfría rápidamente, de los volcanes Cerro Cintepec y San Martín de las montañas de Tuxtlas. El cerro Cintepec estaba a sesenta millas al norte de San Lorenzo, y el volcán San Martín estaba a casi cien millas de distancia. La forma en que los olmecas transportaron estas esculturas de ocho toneladas a lo largo de esa distancia sin la rueda o las bestias de carga es alucinante. ¿Fueron arrastrados por tierra o trasladados en balsa por el sistema fluvial? Cualquiera de los dos métodos de transporte era una asombrosa hazaña de ingeniería que requería una enorme mano de obra.

Una cabeza colosal olmeca con casco
TomClark18, CC BY-SA 4.0 <https://creativecommons.org/licenses/by-sa/4.0>, vía Wikimedia Commons; https://commons.wikimedia.org/wiki/File:Olmec_colossal_head_5_.gif

Los rostros de las cabezas colosales son distintivos. Las cabezas colosales probablemente representan a una persona real, como un rey. Usan cascos, lo que sugiere que podrían haber sido guerreros o jugadores de pelota. Sus ojos almendrados, sus narices anchas y sus labios carnosos parecen polinesios o incluso africanos. Sin embargo, el ADN mitocondrial de dos esqueletos olmecas que datan de 1.200 y 1.000 a. C. descubrió que pertenecen al haplogrupo A, la población indígena americana. Los olmecas pintaron estas tallas con colores brillantes, aunque eso ha desaparecido en los últimos tres milenios. Diez de estas enormes tallas se encontraban en San Lorenzo, aunque había varias en otras ciudades olmecas.

El alimento principal de los olmecas era el maíz, pero también consumían aguacate, frijoles, chocolate, calabaza y camote. Criaban perros para comer, cazaban venados de cola blanca y pecaríes, y cosechaban peces en el río. Su extensa red comercial utilizaba el sistema fluvial y penetraba cuatrocientas millas al noroeste en la cuenca de México y quinientas millas al sureste en Guatemala. Cambiaron el caucho, las figurillas y la cerámica por jade, plumas de colores y la obsidiana volcánica afilada que usaban para cuchillos y puntas de lanza.

San Lorenzo tenía residencias de élite en el punto más alto de su meseta artificial. Sus estructuras palaciegas incluían el Palacio rojo, que contaba con columnas de basalto que sostenían el techo y un desagüe de basalto. El ocre rojo (óxido de hierro mezclado con arcilla) cubría las paredes y los pisos enlucidos. Junto al palacio rojo había un taller de basalto y otro taller que reciclaba esculturas antiguas tallando rostros frescos en ellas. Los residentes que no pertenecían a la élite vivían en casas de caña y barro en las terrazas inferiores de la ciudad. Estas casas tenían un entramado de celosía de madera cubierto con una mezcla de arcilla y paja.

San Lorenzo declinó, con su población dispersándose, alrededor del año 850 a. C., probablemente debido al cambio de curso del río. Mientras tanto, una nueva ciudad olmeca surgió en una isla en un afluente del río Tonalá a diez millas del golfo de México. La Venta, la nueva capital olmeca, era considerablemente más grande, con una población estimada de veinte mil habitantes. La Acrópolis de Stirling era un complejo de templos adyacente a un juego de pelota y la Gran Pirámide.

La pirámide de La venta y otras estructuras significativas están alineadas ocho grados al oeste del norte. Algunas otras ciudades importantes de Mesoamérica, como Teotihuacán, tenían una alineación astronómica al norte. Esta alineación probablemente esté relacionada con el lugar por donde salió el sol al principio y al final de su año ritual de 260 días, que encaja en su año solar de 365 días (tenían ambos). Los estudiosos creen que el calendario de 260 días utilizado en toda Mesoamérica comenzó con los olmecas en La Venta alrededor del año 800 a. C., pero posiblemente se usó antes en San Lorenzo. Utilizando tecnología de imágenes LIDAR, los investigadores encontraron recientemente cientos de antiguas ciudades mesoamericanas alineadas con el calendario de 260 días. Este nuevo estudio apoya la hipótesis de que los olmecas desarrollaron inicialmente el sistema de calendario mesoamericano y la alineación astronómica de las ciudades.[6]

Lo que parece ser una colina que se eleva sobre una meseta es en realidad los restos de la Gran Pirámide de La venta, la primera de Mesoamérica. Erigida en el centro ceremonial de la ciudad, tiene más de cien pies de altura. La estructura más alta hecha por el hombre en Mesoamérica en ese momento, estaba construida de arcilla compactada, y los lados escalonados cubiertos con losas de piedra se elevaban desde su base rectangular. Ocho estelas (pilares o losas de piedra) estaban en fila en el lado sur de la pirámide, de espaldas a ella.

Gran Pirámide de La Venta
Foto modificada: ampliada.
https://commons.wikimedia.org/wiki/File:La_Venta_Pir%C3%A1mide_cara_norte.jpg

Tres Zapotes era otra importante ciudad olmeca a unos sesenta kilómetros al oeste de La Venta. Construido alrededor del año 1000 a. C., abarcaba alrededor de doscientas hectáreas, pero no mostraba la ostentosa

---

[6] Ivan Sprajc, et al., "Orígenes de la Astronomía y el Calendario Mesoamericano: Evidencia de las Regiones Olmeca y Maya", *Avances de la ciencia 9*, núm. 1 (2023). doi:10.1126/sciadv.abq7675.

riqueza de La Venta. En 1862, la azada de un granjero chocó contra algo, que resultó ser una cabeza colosal, y así fue como se descubrió Tres Zapotes. A diferencia de San Lorenzo y La Venta, que tenían cada una un extravagante complejo administrativo y religioso central, Tres Zapotes tenía cuatro plazas separadas por media milla. Cada plaza fue construida alrededor del año 400 a. C. con una pirámide en su lado oeste y una disposición de plataforma similar.

Los olmecas desarrollaron el primer sistema de escritura en América del Norte: una forma primitiva de jeroglíficos. El Bloque Cascajal es una piedra serpentina de un pie de largo con sesenta y dos símbolos que corren horizontalmente. Algunos glifos parecen representar maíz, peces, insectos y piña; otros son más abstractos. Los constructores de carreteras descubrieron la piedra a finales de la década de 1.990 en una pila de escombros cerca de la antigua San Lorenzo, y los estudiosos la dataron a finales del 900 a. C. En 1.997 y 1.998, se descubrió otra piedra y un sello cilíndrico a solo tres millas de La Venta, con glifos que datan de alrededor del año 650 a. C.

Al igual que San Lorenzo, La Venta experimentó una abrupta despoblación alrededor del año 400 a. C. Esta vez, la ciudad y todo el corazón olmeca oriental perdieron su población, dejando la región casi vacía durante dos milenios. Sólo Tres Zapotes, a cien millas al oeste de La Venta, sobrevivió. Decenas de miles de olmecas murieron repentinamente o abandonaron el área oriental. ¿Qué pasó? Aparentemente, una horrible catástrofe ambiental empujó a la cultura a la extinción.

¿Qué clase de desastre apocalíptico podría hacer esto? Tres enormes placas tectónicas se encuentran debajo de México, y los terremotos y volcanes se producen cuando se desplazan y se levantan. México ocupa el noveno lugar a nivel mundial en cuanto a volcanes en la época del Holoceno (que se remonta a casi doce mil años). El volcán El Chichón está a unas sesenta millas de La Venta y todavía está activo, entrando en erupción por última vez en 1981. Forma parte del Arco Volcánico de Chiapaneco, donde chocan tres grandes placas tectónicas: la Placa Norteamericana, la Placa del Caribe y la Placa de Cocos.

México experimenta miles de terremotos anualmente y tiene un promedio de un terremoto al año que es de magnitud superior a 6.1. El territorio olmeca estaba ligeramente fuera del rango de terremotos más activo, sin embargo, con su suelo blando y pantanoso, incluso los temblores leves podrían haber dañado los edificios. El desplazamiento tectónico también podría haber generado actividad volcánica y cambios en el sistema fluvial del que dependían los olmecas.

Un aspecto insidioso de los volcanes activos es el dióxido de carbono en las plumas y fumarolas. El dióxido de carbono es más pesado que el aire y puede acumularse en áreas bajas, como el corazón pantanoso olmeca. El aire con más del 3 por ciento de dióxido de carbono causa mareos, dolores de cabeza y dificultad para respirar. Si alcanza el 15 por ciento, este gas letal matará toda la vida humana, animal y vegetal. El dióxido de carbono podría haber acabado repentina y silenciosamente con la vida en las zonas bajas del territorio olmeca.

Aunque no está claro lo que sucedió con La Venta y el corazón olmeca oriental, un éxodo de sobrevivientes se trasladó a Tres Zapotes en el oeste. Fue entonces cuando los habitantes de Tres Zapotes construyeron las cuatro plazas ceremoniales similares a igual distancia entre sí, insinuando una situación de cogobierno o una sociedad más igualitaria. Algunos olmecas orientales también inundaron el pueblo olmeca de Cerro de las Mesas, al noroeste de Tres Zapotes.

Una nueva cultura llamada epi-olmeca, aparentemente una extensión de la civilización olmeca, floreció en Tres Zapotes y Cerro de las Mesas hasta alrededor del año 250 d. C. Tres Zapotes persistió durante dos mil años a través de las civilizaciones olmeca, epi-olmeca y veracruzana clásica. Los epi-olmecas no exhibieron la riqueza extravagante de La Venta y San Lorenzo, y no importaron artículos de lujo de lejos. El imperio comercial olmeca se derrumbó, y la mayor parte de lo que tenían los epi-olmecas fue producido localmente.

Aunque los epi-olmecas no tenían el lujoso estilo de vida olmeca, lograron avances culturales. Utilizaron el calendario de Cuenta Larga, que llevaba la cuenta de los años que se remontaban a la fecha percibida de la creación de los humanos: 3.114 a. C. Curiosamente, esa fecha fue cercana a cuando los pre-olmecas comenzaron a establecerse en las áreas de Veracruz y Tabasco y a dedicarse a una agricultura más formal. Aunque los olmecas tenían jeroglíficos simples, los epi-olmecas desarrollaron la escritura jeroglífica ístmica más sofisticada. Un agricultor de la región montañosa de Tuxtlas desenterró la estatuilla de Tuxtla: una criatura mitad hombre y mitad pato. Setenta y cinco glifos fueron tallados en la figurilla con una fecha del calendario de la Cuenta Larga (162 d. C. en nuestro calendario).

En 1939, parte de un bloque rectangular de piedra llamado Estela C fue desenterrado en Tres Zapotes, y treinta años después, el resto fue descubierto. La Estela C tenía escritura ístmica en un lado y una fecha del calendario de Cuenta Larga correspondiente al año 32 a. C. En 1.986, los antropólogos se emocionaron cuando se encontró la estela de La Mojarra de cuatro toneladas en el río Aula, cerca de Tres Zapotes. Tenía grabado en parte de la piedra un retrato de un hombre elaboradamente vestido, y 535 glifos y 2 fechas, correspondientes a 143 y 156 d. C., cubrían el resto.

Los olmecas dejaron un increíble legado de innovaciones, difundiendo sus contribuciones culturales a través del comercio y el establecimiento de colonias. La civilización maya, que surgió a mitad de la historia de los olmecas, adoptó muchos de sus elementos culturales. Nuestro disfrute del chocolate y las pelotas de goma se lo debemos a estos pioneros creativos que introdujeron muchas primicias históricas en Mesoamérica y el mundo.

Puntos clave:
- Tres fases principales de los olmecas
    - San Lorenzo
    - La Venta
    - Epi-Olmeca y Tres Zapotes
- Primicias en Mesoamérica y el mundo
    - Primera pirámide mesoamericana
    - Primer chocolate del mundo
    - Primeras pelotas de goma del mundo
    - Primero en alinear una ciudad de acuerdo con el calendario religioso de 260 días
    - Primera escritura de glifos en las Américas
    - Primera ciudad mesoamericana
    - Primer acueducto mesoamericano
- Aporte cultural único: cabezas colosales

Capítulo 2: Los mayas

¿Quiénes eran los mayas y por qué fueron tan brillantes influenciadores de la cultura mesoamericana? ¿Y cuál es su nombre real? Para responder a la segunda pregunta, la mayoría de los eruditos de hoy en día usan maya (nunca mayas, incluso cuando son plurales). Maya se refiere a la familia lingüística de los mayas, que incluye veintiocho lenguas que se utilizan hoy en día, como el k'iche', el mam y el tostsil (tzotzil).

Las ciudades-estado independientes mayas se extendieron por la península de Yucatán, el sur de México, Guatemala, Belice, Honduras y El Salvador. Aunque los mayas nunca se unificaron en un imperio político, compartían la familia lingüística maya y una cultura común. Los mayas se encuentran entre las civilizaciones continuas más antiguas del mundo, desde sus inicios como una sociedad compleja alrededor del año 950 a. C. hasta el presente, aunque con períodos de decadencia y casi colapso.

Los primeros mayas se asentaron en aldeas agrícolas, cultivando maíz en el período Formativo o Preclásico de Mesoamérica (1900 a. C.-250 d. C.). Alrededor del año 1.500 a. C., los mayas del sur de Guatemala desarrollaron el proceso de "nixtamalización": remojar el maíz en agua con un trozo de piedra caliza calentada. La nixtamalización permitió que la harina de maíz molida formara una masa para hacer tortillas. Y lo que es más importante, aumentó la disponibilidad de niacina, una vitamina B esencial. La nixtamalización del maíz se extendió por toda Mesoamérica, donde todavía se usa en la actualidad.

Alrededor del año 950 a. C., los mayas construyeron su primer centro ceremonial conocido, Ceibal, en la región guatemalteca de Petén, en la base de la península de Yucatán. Los mayas construyeron Ceibal unos 750 años después de que los olmecas construyeran El Manatí y un poco antes que La Venta. Ceibal estuvo habitada continuamente durante dos mil años, con una población máxima de diez mil. En su fase más temprana, los mayas construyeron una meseta artificial de al menos veinte pies de altura y aproximadamente media milla de largo.[7]

En junio de 2020, el arqueólogo Takeshi Inomata, quien investigó Ceibal, anunció el descubrimiento mediante reconocimiento aéreo lidar de otro centro ceremonial maya, Aguada Fénix. Este centro tenía una meseta artificial aún más extensa que la de Ceibal, ya que tenía casi una milla de largo y al menos treinta y tres pies de altura. Con una fecha de establecimiento estimada entre 1.000 y 800 a. C., Aguada Fénix podría haber sido anterior a Ceibal. Aguada Fénix se encuentra en el estado mexicano de Tabasco, al otro lado de la frontera con Guatemala.

En 1930, fotografías aéreas revelaron una antigua ciudad escondida en las selvas de la cuenca del Mirador, a cincuenta millas al norte de Ceibal. Estudios arqueológicos recientes muestran que ya existían aldeas agrícolas allí desde el año 1400 a. C. Alrededor del año 600 a. C., los mayas comenzaron a construir pirámides y templos, formando el centro ceremonial ahora conocido como Nakbé, que fue el hogar del primer juego de pelota en la historia maya.

La primera ciudad-estado maya fue probablemente Kaminaljuyú, ahora cubierta en su mayor parte por los suburbios occidentales de la Ciudad de Guatemala. Una ciudad-estado era una ciudad grande y primaria y los pequeños pueblos y aldeas agrícolas que la rodeaban. A veces, una poderosa ciudad-estado obtenía el control de otras ciudades, obligándolas a pagar tributo y proporcionar hombres para el ejército. Cada ciudad-estado tenía un gobierno independiente, aunque podían aliarse con otras ciudades-estado en guerra.

---

[7] T. Inomata, et al., "Construcción de Meseta Artificial durante el Periodo Preclásico en el Sitio Maya de Ceibal, Guatemala". *PLoS One*, 30 de agosto de 2019; 14(8):E0221943. doi: 10.1371/journal.pone.0221943. PMID: 31469887; PMCID: PMC6716660

Figura de Kaminaljuyú de un mono sosteniendo a su bebé
Simon Burchell, CC BY-SA 4.0 <https://creativecommons.org/licenses/by-sa/4.0>, vía Wikimedia Commons; https://commons.wikimedia.org/wiki/File:Museo_Miraflores_093.jpg

Kaminaljuyú se convirtió en una gran ciudad alrededor del año 800 a. C. Cuando los arqueólogos Edwin Shook y Alfred Kidder investigaron Kaminaljuyú en la década de 1930, encontraron más de trescientos edificios antiguos y treinta y cinco pueblos mayas cercanos. También descubrieron que los mayas tenían fábricas de cerámica en la ciudad, descubriendo medio millón de artículos de cerámica rotos en un solo lugar.[8]

Kaminaljuyú tenía la población más grande de las tierras altas mayas del sur de la Sierra Madre. Ubicada a sesenta millas del océano Pacífico, la ciudad sirvió como conducto comercial para las conchas marinas y la sal del océano. Los granos de cacao (utilizados para hacer cacao) y las plumas de colores brillantes provenían de las selvas tropicales. Los mesoamericanos apreciaban las caracolas grandes, que usaban como trompetas, y las coloridas conchas más pequeñas para decorar la ropa festiva.

---

[8] Edwin M. Sacudió y Alfred V. Kidder, "Montículo E-III-3, K'aminaljuyu, Guatemala", *Contribuciones a la Antropología e Historia Americana*, Vol. 9 (53) (1952): 33–127.

Veinticinco millas al este de la ciudad estaba la cantera de vidrio de obsidiana volcánica de El Chayal. Mesoamérica no desarrolló la metalurgia hasta el siglo VII d. C., por lo que la obsidiana era un producto codiciado para cuchillos y puntas de lanza. Se han encontrado artefactos de obsidiana de El Chayal en la península de Yucatán y El Salvador. Kaminaljuyú también cultivaba algodón, un producto codiciado para la confección de ropa en toda Mesoamérica.

Kaminaljuyú declinó alrededor del año 400 a. C., la misma época que la ciudad olmeca de La Venta. Por razones poco claras, otros centros urbanos mayas en el sur de México y el altiplano guatemalteco también colapsaron en este período. Tal vez los terremotos o la actividad volcánica destruyeron algunas ciudades, rompiendo las bulliciosas rutas comerciales. Las ciudades que continuaron, como Tres Zapotes, ya no se dedicaban al comercio a larga distancia, sino que sobrevivían con lo que podían producir localmente.

Aunque Kaminaljuyú disminuyó significativamente, no terminó. Tropezó durante unos siglos y luego se recuperó, más grande y brillante que antes, sobreviviendo hasta el año 1.200 d. C. La ciudad mostró su riqueza recuperada mediante la construcción de tuberías de arcilla que transportaban agua potable a través de la ciudad. Una espectacular red de canales, acueductos y piscinas transformó la metrópoli en un paraíso acuático decorado con tallas de piedra de peces y tortugas.

La Edad de Oro Maya floreció en el período Clásico de Mesoamérica, comenzando alrededor del año 250 d. C. Alrededor de cuarenta ciudades mayas importantes con impresionantes templos y pirámides prosperaron en las selvas y tierras altas del sur de México y América Central. La tecnología agrícola maya incluía el riego y la agricultura en terrazas a lo largo de las laderas. Los mayas adoptaron las pelotas de goma olmecas y jugaron en juegos de pelota, al igual que la mayoría de las otras culturas mesoamericanas.

Varias ciudades mayas notables en México incluyen Cobá, que floreció en el período Clásico (250-900 d. C.) en la península de Yucatán. Situada entre dos lagos, una impresionante red de calzadas elevadas de piedra caliza serpenteaba a lo largo de los lagos y a través de los humedales hasta otras ciudades mayas, una de las cuales estaba a más de sesenta millas de distancia. Una ciudad cercana, Ek' Balam (Jaguar Negro), presenta hombres alados en una fascinante fachada de estuco en la entrada de la tumba del rey Ukit Kan Le'k Tok', quien murió en el año 801 d. C.

Tumba ornamentada del rey Ukit Kan Le' en Ek' Balam
Elijahmeeks en la Wikipedia en inglés, CC BY-SA 3.0 <http://creativecommons.org/licenses/by-sa/3.0/>, a través de Wikimedia Commons; https://commons.wikimedia.org/wiki/File:Ekbalam-Jaguar-Altar-Right.png

En la sociedad maya, los reyes tenían un estatus divino en las ciudades-estado que gobernaban. Los gobernantes mayas descendían de dinastías reales, lo que ocasionalmente significaba que una reina gobernaba la ciudad-estado si la familia real no tenía un hombre adecuado disponible. El linaje real era bilateral; Podría provenir de la línea de sangre del padre o de la madre o de ambos. Los mayas sabían que sus reyes podían enfermar, herirse y morir como todos los demás. Para ellos, "divino" significaba que eran criaturas híbridas divinas-humanas.

Los mayas no tenían el concepto occidental de una deidad infinita, todopoderosa, inmutable e infalible. En la metafísica maya, los dioses y los seres sobrenaturales nacían, podían morir y eran vulnerables, impredecibles e inconsistentes. Su teología permitía que un rey imperfecto y mortal se llamara a sí mismo Ajaw (señor divino). Los reyes a menudo usaban nombres asociados con deidades mayas, como K'inich (sol) o Balam (jaguar).[9]

Dado que había una división estricta entre la nobleza y los plebeyos, solo la élite podía usar ropa elaborada decorada con plumas y conchas.

---

[9] Stephen Houston y David Stuart, "De Dioses, Glifos y Reyes: Divinidad y Gobernación entre los Mayas Clásicos", *Antigüedad* 70, núm. 268 (1996): 289-95. doi:10.1017/S0003598X00083289.

En el sistema feudal maya, la nobleza controlaba la mayor parte de las tierras de cultivo, y los siervos las cultivaban a cambio de parte de la cosecha. Los reyes, los funcionarios administrativos, los comandantes militares, los escribas y los sumos sacerdotes formaban parte de la nobleza y sabían leer y escribir.

Además de la vestimenta, los mayas demostraron su estatus a través de modificaciones craneales. Los bebés recién nacidos y los niños pequeños se acostaban en una cuna especial o tenían marcos de madera acolchados atados a sus cabezas para cambiar la forma de sus cráneos. La forma del cráneo ajustado dependía del parentesco y el estatus. Otro símbolo de estatus era perforar agujeros en los dientes para las joyas y limar los dientes en diferentes formas.

Ejemplos de cómo los mayas moldearon los cráneos de sus hijos pequeños
https://commons.wikimedia.org/wiki/File:Maya_cranial_deformation.gif

Los plebeyos trabajaban como artesanos y comerciantes y servían en el ejército. Los guerreros capturados en batalla se enfrentaban a uno de dos destinos: la esclavitud o el sacrificio humano. Otras personas fueron esclavizadas debido a crímenes o deudas, y los niños huérfanos estaban en peligro de ser sacrificados o esclavizados. Cuando un rey o una reina morían, sus esclavos a menudo eran sacrificados y enterrados en sus tumbas para servirles en el más allá.

Dado que la civilización maya nunca fue un imperio unido, sino una colección de ciudades-estado autogobernadas, los reyes compitieron por el poder, el acceso a los recursos codiciados y el control de las rutas comerciales. Al igual que la mayoría de las culturas mesoamericanas, practicaban sacrificios humanos y necesitaban víctimas, aunque no en la espantosa escala de los aztecas. Los reyes mayas lucharon contra otras culturas mayas y cercanas, y la guerra fue especialmente desenfrenada entre los años 600 y 900 d. C., cuando varios factores estresantes golpearon a los mayas.

El conflicto surgió cuando algunas ciudades superaron su producción agrícola. Cuando despejaron la selva para obtener más tierras de cultivo, eso provocó la erosión del suelo en la temporada de lluvias. Otras veces, no llovía lo suficiente; Incluso una cosecha moderadamente pobre debido a la sequía podría haber llevado a una hambruna casi inexistente en las ciudades superpobladas. Estos problemas habrían erosionado la confianza de la gente en sus gobernantes y habrían aumentado la guerra con las ciudades-estado cercanas en el acaparamiento de tierras y recursos.

Cuando los mayas iban a la guerra, bombardeaban al enemigo con lanzas, flechas, dardos de cerbatana y piedras de hondas. Los mayas adoptaron lanzador de lanza de los teotihuacanos del centro de México, que utilizaba la palanca para obtener poder letal y velocidad. El atlatl era un asta con una copa o muesca en un extremo en la que encajaba la culata de la lanza. El guerrero sostuvo el otro extremo del atlatl y la lanza y la lanzó, sosteniendo el atlatl, pero soltando la lanza. La palanca adicional del atlatl envió la lanza más lejos y más rápido que si simplemente se lanzara con la mano.

Cómo funcionaba el lanzador atlatl
Sebastião da Silva Vieira, CC BY 3.0 <https://creativecommons.org/licenses/by/3.0>, vía Wikimedia Commons;
https://commons.wikimedia.org/wiki/File:Nativo_do_Novo_Mundo_lan%C3%A7ando_flecha_com_o_propulsor_ou_est%C3%B3lica.jpg

El combate cuerpo a cuerpo en la guerra maya era brutal. Tenían un garrote de madera de tres pies y medio forrado con hojas de obsidiana afiladas, que podían noquear a un hombre o cortarle la cabeza. Los mesoamericanos comenzaron a trabajar con metales a mediados del Clásico, y los mayas agregaron cuchillos de cobre y cabezas de hacha a su repertorio mortal hacia el año 650 d. C. Su objetivo en la batalla a menudo era capturar al enemigo en lugar de matarlo para tener víctimas por sacrificio humano o esclavitud. Por lo tanto, a menudo usaban el extremo romo de sus hachas de batalla para noquear a su oponente en lugar de matarlo.

Algunos mayas construyeron murallas defensivas alrededor de sus ciudades, aunque esto era raro. De vez en cuando, los mayas lanzaban calabazas llenas de nidos de avispas a las líneas enemigas, confundiendo y aterrorizando a los guerreros mientras una nube de avispones furiosos y punzantes salía volando. Los mayas llevaban escudos pequeños y redondos hechos de pieles de animales, cañas tejidas o madera. Llevaban una armadura de algodón acolchada con sal de roca cosida en el bateo para desviar o romper las hojas de obsidiana del enemigo.

Los mayas produjeron un patrimonio cultural sobresaliente de alfabetización. Desde los primeros siglos de su civilización, erigieron estelas de piedra con simples inscripciones pictográficas en glifos, como lo habían hecho los olmecas. Hacia el año 300 a. C., habían desarrollado un lenguaje escrito jeroglífico mucho más sofisticado, que tallaron en altares, alrededor de puertas y en pilares de piedra. También escribían en papel hecho de corteza y hacían libros ilustrados con pliegues de acordeón.

La escritura logosilábica maya utilizaba pictogramas (símbolos de imágenes) para los sustantivos y verbos de acción y símbolos de glifos para las preposiciones y los adjetivos. Usaban símbolos fonéticos para representar sonidos como nosotros usamos consonantes y vocales. Un escriba maya trabajaba con trescientos a quinientos caracteres. Si escribía en papel de corteza o piel de animal, el escritor escribía con plumas o un pincel hecho de pelo de animal. Si usaba plumas, él o ella (sí, algunas mujeres de clase alta podían escribir) tenía plumas con puntas grandes y pequeñas para los contornos básicos de los glifos y los detalles más finos.

Los mayas escribían números con puntos y barras. Los puntos representaban los números del uno al cuatro: un punto era el número uno, dos puntos eran el número dos, y así sucesivamente. Una barra representaba el número cinco. Dos compases serían diez, tres compases serían quince, y así sucesivamente. El número seis sería una barra y un punto, y el número doce sería dos barras y dos puntos.

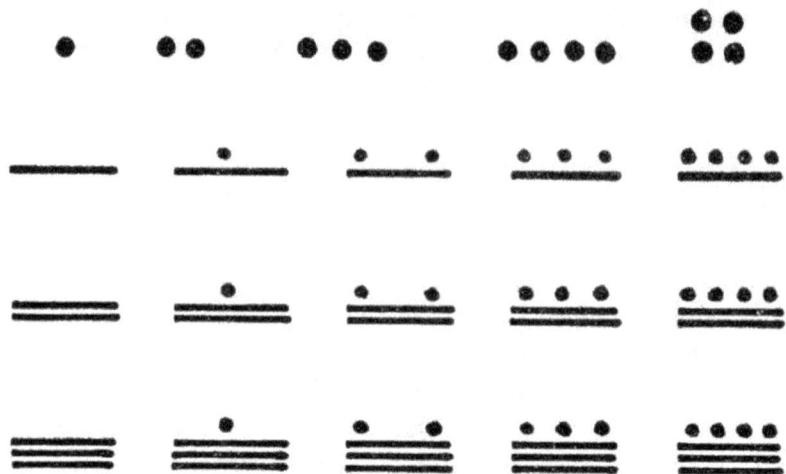

Cómo los mayas escribían los números del uno al diecinueve
https://commons.wikimedia.org/wiki/File:Maya_Hieroglyphs_Fig_39.jpg

Al igual que los olmecas, los mayas usaban un calendario religioso de 260 días (*Tzolk'in*) para realizar un seguimiento de los días festivos especiales y un calendario de 365 días (*Haab*) para fines agrícolas. El calendario de 365 días tenía dieciocho meses de 20 días más un mes de 5 días. Alrededor del año 36 a. C., tal vez dos siglos antes, los mayas comenzaron a usar el calendario de Cuenta Larga, que llevaba la cuenta de todos los días desde la creación en ciclos de cincuenta y dos años. Los epi-olmecas también comenzaron a usar el calendario de Cuenta Larga por lo menos en el año 32 a. C.

Los mayas usaban una Ronda de Calendario con cuatro círculos para llevar la cuenta del tiempo. Alrededor del círculo más externo había un signo jeroglífico para cada uno de los 18 meses de su ciclo de año solar de 365 días. Inmediatamente dentro de ese círculo exterior había un segundo círculo con los números de los veinte días del mes, con el cero representado por una concha. Los dos círculos interiores de la Ronda Calendárica eran para el calendario religioso de 260 días. El tercer círculo desde el perímetro exterior tenía glifos para los veinte meses del calendario religioso Tzolk'in, y el cuarto círculo tenía números para los trece días de cada mes religioso.

Cada día, los mayas colocaban cuatro conchas o guijarros en el calendario, marcando el mes y el día del calendario solar y el mes y el día del calendario religioso. Tuvieron que pasar cincuenta y dos años para que los cuatro círculos de meses y días volvieran a alinearse de la misma manera. Cuando esto sucedió, comenzó un nuevo ciclo. La mayoría de las culturas mesoamericanas adoptaron este sistema de calendario y lo estaban utilizando cuando llegaron los españoles a principios de 1.500 d. C.

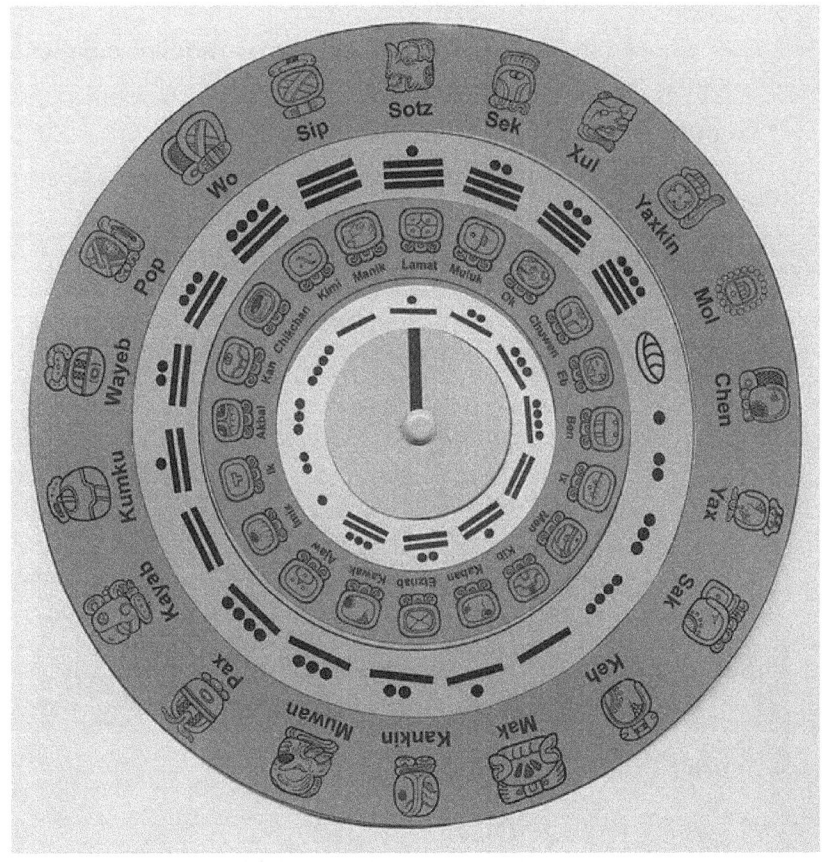

Calendario Maya Redondo
Signo de la Paz de Croppy, CC0, vía Wikimedia Commons;
https://commons.wikimedia.org/wiki/File:Construction_paper_Mayan_calander.jpg

Puntos clave:

- ¿Quiénes eran los mayas?
    - Ciudades-estado independientes que comparten idioma, familia y cultura
    - Se asentaron en regiones desde el sur de México hasta América Central
    - Primeros centros ceremoniales y ciudades: Ceibal, Aguada Fénix, Nakbé

- - - Primera ciudad-estado: Kaminaljuyú
- Época de Oro Maya
    - Estructura de la sociedad
        - Reyes y plebeyos
        - Símbolos de estatus: ropa, modificación craneal, joyería dental
- Guerra
    - Ciudades-estado que compiten por el poder y el acceso a la tierra y a los bienes
    - Armamento, armadura y tácticas de defensa
- Patrimonio cultural
    - Escritura logosilábica
    - Números
    - Ronda de calendario

La pirámide maya más alta de México (243 pies de altura) en Toniná, en el estado de Chiapas
Dge, CC BY-SA 4.0 <https://creativecommons.org/licenses/by-sa/4.0>, vía Wikimedia Commons; https://commons.wikimedia.org/wiki/File:Tonin%C3%A1_(1.50).jpg

Capítulo 3: Los zapotecas

Se llamaban a sí mismos el Pueblo de las Nubes, los Ben 'Zaa, porque creían que sus antepasados descendían de las nubes y que sus espíritus ascenderían a las nubes cuando murieran. El Pueblo de las Nubes dominó el Valle de Oaxaca en el sur de México durante casi dos milenios antes de que llegaran los aztecas y los llamaran zapotecas. Ese nombre significaba mercaderes de nubes o gente del zapote, un tipo de caqui común en la zona. La familia lingüística zapoteca, que aún se habla con más de cincuenta lenguas, forma parte del grupo lingüístico otomangueano, que incluye las lenguas mixtecas.

El primer asentamiento zapoteca significativo fue San José Mogote, a unas siete millas al noroeste de la actual ciudad de Oaxaca. Los zapotecas fueron los primeros en establecer pueblos y hacer cerámica en el Valle de Oaxaca, y su cerámica de cerámica gris se convirtió más tarde en un artículo comercial codiciado. Los zapotecas se convirtieron en una civilización compleja hacia el año 1.300 a. C., erigiendo edificios ceremoniales en San José Mogote rodeados de cercas defensivas. Sus avances culturales se adelantaron varios siglos a los mayas y unos quinientos años a los olmecas.[10]

Comenzaron a utilizar acequias para mejorar la agricultura en la región semiárida y a construir edificios de adobe hacia el año 850 a. C. Desarrollaron redes comerciales, importando obsidiana de la región de

---

[10] Susan T. Evans *México Antiguo y América Central: Arqueología e Historia de la Cultura* (Londres: Támesis y Hudson, 2004), 122.

Guadalupe Victoria en Puebla y El Chayal en Guatemala. Hacia el año 600 a. C., San José Mogote se convirtió en un cacicazgo socialmente estratificado de unas mil personas que vivían en cincuenta acres, controlando cuarenta aldeas y pueblos cercanos. Las estructuras ceremoniales de bloques de piedra en San José Mogote estaban orientadas ocho grados al oeste del norte. Esta alineación era la misma que la de la ciudad olmeca de La Venta, a 250 millas de distancia, un destino comercial para los espejos de óxido de hierro que producían los zapotecas. Hacia el año 500 a. C., San José Mogote había declinado cuando Monte Albán se convirtió en el poder a unas doce millas al sur.[11][12]

Núcleo zapoteca
Foto modificada: ampliada. https://commons.wikimedia.org/wiki/File:Zapotecos.png

El Valle de Oaxaca tiene una forma de Y áspera, con tres divisiones regionales de la civilización zapoteca, cada una con su propio subconjunto de la familia lingüística zapoteca. Los zapotecas del valle estaban ubicados en el valle central de Oaxaca y tenían el poder político más poderoso. Los zapotecas de la sierra vivían en las montañas al norte del valle de Oaxaca, no lejos del territorio olmeca. Los zapotecas del sur vivían cerca de la costa del Pacífico. Durante la mayor parte de su historia, los zapotecas del sur (costa del Pacífico) fueron independientes de Monte Albán. Las diferencias en los estilos de cerámica y los motivos decorativos muestran la división cultural entre los tres subgrupos. Las importaciones de otras regiones mesoamericanas difirieron, lo que indica que las tres áreas tenían

---

[11] Arturo A. Joyce, "Interacción interregional y Desarrollo Social en la Costa Oaxaqueña", *Antigua Mesoamérica* 4, no. 1 (1993): 69. http://www.jstor.org/stable/26307326.

[12] Evans *México Antiguo y Centroamérica*, 122-3.

destinos comerciales separados.[13]

Los zapotecas del valle lideraron las innovaciones culturales en el valle de Oaxaca. Una talla con dos glifos encontrada en San José Mogote data del año 650 a. C. Alrededor del año 500 a. C., los zapotecas de la zona de Monte Albán desarrollaron los primeros jeroglíficos complejos de Mesoamérica en el sistema logosilábico. Este desarrollo lingüístico fue cercano a cuando la gente del Valle de Oaxaca pasó de los cacicazgos dispersos a un gobierno más centralizado y poderoso.

Los jeroglíficos zapotecas eran similares a los jeroglíficos mayas posteriores en el sentido de que ambos tenían símbolos pictóricos para los sustantivos y verbos de acción y símbolos fonéticos para los sonidos. Sin embargo, a diferencia de la escritura maya, que se leía en bloques de derecha a izquierda, la escritura zapoteca se leía de arriba a abajo de la página como los antiguos caracteres chinos. Los zapotecos dejaron de usar su sistema de escritura hacia el año 900 d. C., adoptando la escritura mixteca y más tarde la azteca. La antigua escritura zapoteca no fue descifrada hasta 2.022. En 2.018, los arqueólogos descubrieron un friso de cincuenta pies que data de entre 650 y 850 d. C. en el sitio arqueológico de Monte Albán con la mayor cantidad de glifos zapotecas jamás encontrados. Tres años más tarde, los eruditos completaron una traducción aproximada de la escritura, que incluía anotaciones de calendario.[14]

Al igual que los mayas, los zapotecas usaban barras y puntos para representar números. También usaban el calendario sagrado de 260 días, el calendario solar de 365 días y ciclos de 52 años. Mantuvieron registros históricos de sus calendarios con anotaciones para los eclipses lunares y solares y podrían haber calculado el momento de los eclipses. El ciclo del eclipse de Saros de 6.585 días, cuando el sol, la luna y la tierra vuelven casi a una línea recta, casi coincidió con 25 ciclos de su calendario sagrado de 260 días.

Monte Albán sirvió como la primera capital de los zapotecas a partir del año 500 a. C., cuando los zapotecas lo construyeron en la cima de una montaña a unos 1.300 pies sobre el valle de Oaxaca. Monte Albán significa montaña blanca en español; los zapotecas la llamaban Daní Baan,

---

[13] Joyce, "Interacción interregional", 71.

[14] Jane Recker, "Investigadores descifran los glifos en un friso de 1,300 años de antigüedad en México", *Revista Smithsonian*, 8 de marzo de 2022. https://www.smithsonianmag.com/smart-news/researchers-decipher-the-glyphs-on-a-1300-year-old-frieze-in-mexico-180979691/

o montaña sagrada. Su posición elevada ofrece una vista del valle circundante, lo que lo convierte en un excelente lugar defensivo. Aunque no hay evidencia de un asentamiento anterior en la cumbre, podría haber servido como un lugar ceremonial anterior.

El suministro de alimentos para la ciudad en la cima de la montaña provenía del valle de abajo. El valle era muy adecuado para la agricultura, ya que no había heladas, un nivel freático alto que facilitaba el riego y una tierra plana con poca erosión. Los zapotecas nivelaron la cima de su montaña y construyeron un centro ceremonial pavimentado. Los templos y palacios se asentaban en plataformas elevadas junto a un juego de pelota hundido, y muros de treinta pies de altura rodeaban la ciudad. Los templos eran estructuras de dos habitaciones con pórticos en el frente.

Centro ceremonial de Monte Albán
https://commons.wikimedia.org/wiki/File:Ruins_field.jpg

Más de trescientas losas de piedra que datan de los inicios de la ciudad representan a hombres gomosos y retorcidos que los primeros arqueólogos llamaron ingenuamente danzantes o bailarines. Una inspección más cercana reveló ojos cerrados y bocas abiertas o con muecas. Además, los hombres mesoamericanos solían cubrirse los genitales, pero estos hombres estaban completamente desnudos y algunos estaban castrados. Los hombres no bailaban juguetonamente, estaban muertos. Tal vez eran guerreros capturados que se convirtieron en víctimas sacrificiales. Una losa de piedra similar en San José Mogote muestra a un hombre destripado.

Curiosamente, algunos de los hombres tienen barba. Los antiguos mesoamericanos rara vez usaban barba, excepto los olmecas. ¿Las tallas representaban a los hombres olmecas? La civilización olmeca colapsó alrededor del año 400 a. C., aproximadamente un siglo después de que los zapotecas construyeran Monte Albán. Las dos culturas intercambiaron bienes, y los zapotecas adoptaron aspectos de la cultura olmeca, como los juegos de pelota. Pero la violencia retratada en las tallas sugiere una guerra entre olmecas y zapotecas.

Los zapotecas de Monte Albán disfrutaban de una amistad con la gigantesca metrópoli de Teotihuacán en la Cuenca de México, a unas trescientas millas al noreste del Valle de Oaxaca. Los zapotecas comenzaron a emigrar a Teotihuacán hacia el año 200 a. C., durante los primeros días de la enorme ciudad. Tal vez los zapotecas estuvieron entre los fundadores de la ciudad multiétnica. Tenían un barrio oaxaqueño en el lado suroeste de la ciudad con quince complejos de apartamentos zapotecas donde atendían talleres que producían cerámica oaxaqueña. Los zapotecas también vivieron junto a los teotihuacanos en las colonias de Chingú, Acoculco y El Tesoro en Hidalgo, que estaban a solo 60 millas al noroeste de Teotihuacán, pero a 330 millas de Monte Albán. La población zapoteca que vivía con los teotihuacanos en Hidalgo era probablemente del enclave zapoteca de Teotihuacán.[15]

Los arqueólogos dividen la historia de la ciudad en cuatro fases. Monte Albán I comenzó en el año 500 a. C. cuando se construyó el centro urbano, tal vez por personas que se habían mudado de San José Mogote. Controlaba mil aldeas y pequeños pueblos dispersos por todo el Valle de Oaxaca. Monte Albán II se extendió desde el 100 a. C. hasta el 200 d. C., cuando los zapotecas comenzaron a colonizar el norte y el sur del valle de Oaxaca, en lo que se convirtió en los territorios zapotecas de la Sierra y el sur de los zapotecas. Monte Albán III fue la época de los años 200 a 500 d. C., cuando la población de la ciudad creció a veinticinco mil habitantes y estaba en su apogeo de poder. En Monte Albán IV (500-1000 d. C.), la influencia de la ciudad disminuyó a medida que otras ciudades del valle

---

[15] Haley Holt Mehta, "Encuentros coloniales, criollización y la diáspora zapoteca del período clásico: cuestiones de identidad desde El Tesoro, Hidalgo, México" (Tesis doctoral, Universidad de Tulane, 2019), 47-53.

de Oaxaca aumentaban su poder. Hacia el año 1000 d. C., Monte Albán era un pueblo fantasma.

Huitzo (San Pablo Huitzo) se encuentra en el extremo norte del Valle de Oaxaca, en la frontera entre los territorios mixteco y zapoteca, divididos por el río Garcés. Pequeñas aldeas agrícolas salpicaban la zona en el año 1.000 a. C., y alrededor del año 400 d. C., los zapotecas establecieron una ciudad con una fortaleza en la cima de una colina. Imágenes de la deidad de la Serpiente Emplumada, Quetzalcóatl en lengua náhuatl azteca, decoraban la ciudadela.

Al igual que en otros centros agrícolas del Valle de Oaxaca, los agricultores de Huitzo utilizaban un sistema de riego en macetas. Enterraban vasijas de barro sin esmaltar y de cuello estrecho hasta los bordes en los campos junto a donde crecían calabazas, tomates, chiles u otras plantas. Mantenían las macetas llenas de agua, y cuando la tierra circundante se secaba, creaba una fuerza de succión a partir de la tensión de humedad del suelo. El agua de las macetas se filtraba a través de la arcilla, distribuyendo agua a las raíces de las plantas. Para los grandes campos de cereales, como el maíz, los agricultores del Valle de Oaxaca utilizaban el riego por canales.

Los zapotecas practicaban un sistema agrícola de "campo a campo", que dependía de las crecidas anuales de los ríos en la estación lluviosa. El *infield* era el terreno más cercano al río; Las inundaciones trajeron tierra fresca, renovando nutrientes. En las zonas de "campo" a las que no llegaban las inundaciones, utilizaban el cultivo de tala y quema, quemando los rastrojos de maíz u otras plantas restantes después de la cosecha. El fuego dejó una capa de ceniza rica en nutrientes que fertilizó el suelo. Dado que las montañas en tres lados rodeaban la ciudad de Huitzo, los agricultores construyeron terrazas en las laderas de las montañas para ampliar sus áreas de cultivo.

Deidades zapotecas en un fresco de la tumba de Mitla, con la Serpiente Emplumada a la derecha
Imágenes de libros de Internet Archive, sin restricciones, a través de Wikimedia Commons;
https://commons.wikimedia.org/wiki/File:Ancient_civilizations_of_Mexico_and_Central_America_(1917)_(18009178109).jpg

La ciudad montañosa de Mitla era un lugar sagrado de entierro zapoteca con intrincados mosaicos de piedra que no se encuentran en ningún otro lugar de México. Los primeros zapotecas vivieron en la zona desde el año 900 a. C., y se convirtió en una ciudad y un poderoso centro religioso en el año 450 d. C., reemplazando finalmente a Monte Albán como capital zapoteca. En lugar de pirámides, Mitla cuenta con ocho enormes edificios rectangulares de techo plano llamados el Grupo de las Columnas, que son famosos por sus tallas geométricas en relieve.

Los zapotecas del Posclásico mostraron un genio de la ingeniería con diseños complejos en el Grupo de las Columnas de Mitla y bloques masivos sobre las puertas. Las columnas de roca volcánica traquita sostenían los techos, y la piedra pulida, cortada y encajada sin argamasa, formaba diseños geométricos de trastes escalonados en las paredes. Los edificios, originalmente pintados de rojo, servían como un palacio y un complejo de templos donde se realizaban sacrificios humanos regulares. El trono del sumo sacerdote, cubierto con una piel de jaguar, se sentaba en uno de los templos.

Diseños geométricos de "traste escalonado" en un edificio de Mitla
Roman Israel, CC BY-SA 4.0 <https://creativecommons.org/licenses/by-sa/4.0>, vía Wikimedia Commons; https://commons.wikimedia.org/wiki/File:Puerta_mitla_fachada.jpg

Los zapotecas vivían inmediatamente al sur de sus vecinos y de su cultura hermana, los mixtecos. Los dos grupos lucharon frecuentemente entre sí, especialmente cuando los mixtecos se fortalecieron en la época del Posclásico y comenzaron a invadir el territorio zapoteca. Pero entonces, llegó un nuevo adversario. Los mexicas-aztecas de la cuenca de México se aliaron con otras dos tribus aztecas en 1428. En cuestión de meses, el nuevo Imperio azteca invadió el Valle de Oaxaca, conquistando fortalezas mixtecas y enfrentándose a los zapotecas en varias guerras en las que los aztecas salieron victoriosos.

Pero entonces, los aztecas se enfrentaron a su propia némesis cuando los barcos españoles navegaron hacia la costa mexicana a principios del siglo XVI. Después de que los españoles derrotaran brutalmente a los aztecas, los zapotecas decidieron una estrategia de no resistencia. Sin embargo, los zapotecas sufrieron enormes pérdidas por las enfermedades que los españoles introdujeron en las Américas, contra las cuales los indígenas no tenían inmunidad adquirida. Los españoles los obligaron a convertirse al catolicismo, construyendo iglesias sobre antiguos templos zapotecas. Pero el pueblo zapoteca sobrevivió, con unos 400.000 todavía viviendo en el Valle de Oaxaca, muchos de los cuales hablaban sus lenguas antiguas.

Puntos clave:
- Asentamiento más temprano: San José Mogote
  - Civilización compleja hacia el 1.300 a. C.
  - Cacicazgo de más de cuarenta pueblos
  - Orientada ocho grados al oeste del norte como La Venta
- Tres divisiones: Zapotecas de la Sierra, Zapotecas del Valle, Zapotecas del Sur
- Alfabetización y calendario
  - Escritura logosilábica
  - Eclipses registrados y posiblemente calculados con el calendario sagrado
- Sitios clave zapotecas
  - Monte Albán: capital
  - Huitzo: un centro agrícola
  - Mitla: la segunda capital
- Conquista por mixtecos, aztecas y españoles

Capítulo 4: Los mixtecos

Con impresionantes joyas de turquesa y oro, cerámicas exquisitamente pintadas y libros desplegables de piel de venado que narran su historia, los mixtecos dejaron una huella indeleble en el México antiguo. Al igual que su cultura hermana, los zapotecas, los mixtecos se llamaban a sí mismos el pueblo de las nubes o nusabi, que los aztecas tradujeron como *mixtecatl*. Su cultura se remonta al año 1.500 a. C., pero no llegaron al poder hasta que los zapotecas alcanzaron su punto máximo en el siglo VIII de la Era Común.

Los mixtecos tenían tres grupos geográficos con culturas distintas que hablaban más de treinta idiomas relacionados. El primer grupo en surgir fue el Mixteca Alta, que estableció la agricultura en terrazas alrededor del año 1.500 a. C. Esta cultura densamente poblada vivía en elevaciones frías de hasta 8.200 pies en la cordillera de la Sierra Madre del Sur en los actuales estados de Oaxaca y Guerrero. Algunos mixtecos se extendieron a las regiones de los valles del noroeste de Oaxaca y la parte suroeste de Puebla, conocida como la Mixteca Baja. Con el tiempo, la Mixteca de la Costa se asentó a lo largo de la costa del Pacífico de Guerrero y Oaxaca.

Antes de que los primeros mixtecos tuvieran ciudades, comerciaban con los olmecas, ya que los arqueólogos encontraron cerámica mixteca en el corazón olmeca y artefactos olmecas en el territorio mixteco. Una de las primeras ciudades mixtecas fue Etlatongo, en el estado nororiental de Oaxaca, que construyeron aproximadamente en el año 500 a. C. sobre un centro ceremonial abandonado. Los olmecas podrían haber construido el centro anterior casi mil años antes, ya que había figurillas de tipo olmeca en la zona.[16]

Los arqueólogos descubrieron recientemente un hallazgo emocionante en Etlatongo: dos juegos de pelota que datan aproximadamente del año 1.374 a. C. Estos juegos de pelota estaban allí antes de que los olmecas construyeran San Lorenzo, pero después de que construyeron El Manatí, los cuales tenían pelotas de goma, pero no se conocía ningún juego de pelota. Los eruditos ahora se preguntan quién hizo estos juegos de pelota. ¿Fueron los olmecas u otra misteriosa civilización avanzada?[17]

Alrededor del año 500 a. C., los mixtecos construyeron Monte Negro a través de las altas montañas al noreste del Valle de Oaxaca. Con una población de 2.900 habitantes, los templos y otros edificios de la ciudad tenían cimientos y columnas de piedra caliza, paredes de adobe y techos de paja. Al igual que los mayas, la élite de Etlatongo y Monte Negro utilizó la modificación craneal para moldear los cráneos de sus hijos en cabezas de cono redondeadas. La Mixteca Alta construyó el Tilantongo, o Templo del Cielo, en el noroeste del Valle de Oaxaca alrededor del año 300 a. C., que finalmente se convirtió en la capital mixteca bajo el rey Garra de Jaguar.

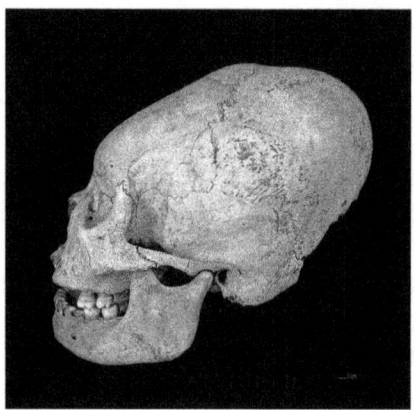

Cráneo mixteco modificado hallado en Monte Negro
Muséum de Toulouse, CC BY-SA 4.0 <https://creativecommons.org/licenses/by-sa/4.0>, vía Wikimedia Commons;
https://commons.wikimedia.org/wiki/File:D%C3%A9formation_P%C3%A9ruvienne_MHNT_Noir.jpg

---

[16] Kent V. Flannery y Joyce Marcus, "Las Sociedades Jerárquicas Oaxaqueñas y el Intercambio con los Olmecas", *Arqueología Mexicana*, 87, (2007): 73.

[17] J. P. Blomster y Chávez Salazar, "Orígenes del Juego de Pelota Mesoamericano: El juego de pelota más antiguo de las tierras altas encontrado en Etlatongo, Oaxaca, México", *Avances de la ciencia* 6, núm. 11 (13 de marzo de 2020). doi: 10.1126/sciadv.aay6964. PMID: 32201726; PMCID: PMC7069692.

Alrededor del año 250 d. C., a principios del Clásico, los mixtecos comenzaron a extenderse por los valles de Oaxaca y Puebla, entrando en su fase cultural ñuiñe. Su nueva proximidad a los zapotecas significó un fuerte cruce entre culturas. Por ejemplo, los glifos en el sistema de escritura ñuiñe eran similares a los que usaban los zapotecas en Monte Albán, pero los mixtecos tenían una forma distinta de combinar símbolos. El comercio de los mixtecos con la metrópoli de Teotihuacán condujo al intercambio cultural, especialmente en cerámica y obras de arte.

Con el paso del tiempo, los mixtecos formaron reinos que se establecieron sobre alianzas políticas y matrimoniales entre dinastías reales. A medida que la cultura zapoteca declinaba alrededor del año 800 d. C., los mixtecos alcanzaron la cúspide de su civilización. Los mixtecos eran tan propensos a luchar entre sí como a luchar contra otras civilizaciones. Sin embargo, comenzaron a expandirse más al sur, asimilando agresivamente el territorio zapoteca y ganando el control del Valle de Oaxaca. Los mixtecos no eliminaron a los zapotecas, pero los obligaron a pagar tributo y a veces convivieron con ellos en las mismas ciudades. Los mixtecos tomaron posesión de la capital zapoteca de Monte Albán, en su mayoría abandonada, alrededor de 1.350, considerándola un lugar sagrado donde enterraron a su propia realeza.

Los mixtecos ocasionalmente tenían gobernantes femeninas; quizás la más notable fue lla reina Seis Monos de Huachino. Como señaló el arqueólogo Daniel Hipólito en su artículo *El arte de la guerra*, la Reina Seis Monos salió a la batalla con su quechquémitl (una prenda parecida a un poncho) con un diseño de serpiente. Después de conquistar al enemigo, el Códice Seldon la muestra con una prenda decorada con siete flechas negras, rojas y blancas, un signo de elevado estatus sociopolítico. Hipólito también comentó que el Códice Mixteco Zouche-Nuttall registraba a mujeres guerreras derrotando a criaturas mitológicas.[18][19]

Durante siglos antes de la llegada de los españoles, los antiguos mixtecos crearon libros ilustrados que registraban sus genealogías, historia, mitología y creencias religiosas. Al igual que los mayas, usaban piel de

---

[18]Daniel Santos Hipólito y José Antonio Casanova Meneses, "Armas Mixtecas Acercan al Público al Arte de la Guerra entre los Mixtecos durante el Posclásico", *Instituto Nacional de Antropología e Historia* 36 (febrero de 2018). https://inah.academia.edu/DanielSantosHipolito

[19] Daniel Santos Hipólito y José Antonio Casanova Meneses, "Armas Mixtecas Acercan al Público al Arte de la Guerra entre los Mixtecos durante el Posclásico", *Instituto Nacional de Antropología e Historia* 36 (febrero de 2018). https://inah.academia.edu/DanielSantosHipolito

venado o papel de corteza de árbol, formando libros desplegables llamados códices (singular: códice). Los aztecas también produjeron códices, pero quemaron la mayor parte de los suyos durante una fase revisionista de la historia y perdieron muchos más cuando los españoles quemaron sus ciudades. La mayoría de los códices prehispánicos que sobreviven son mixtecos.

El Códice Bodley medía veintidós pies de largo cuando estaba completamente desplegado. Registraba algunos linajes reales, que eran integrales, ya que los mixtecos creían que su nobleza descendía de los dioses. Los mixtecos consideraban a sus reyes y reinas como intermediarios entre los dioses y el pueblo; Por lo tanto, era imperativo preservar los linajes casando solo a otros miembros de la realeza con antepasados divinos. El Códice Bodley también incluía historias de la creación y hazañas de sus legendarios monarcas.

Aunque las familias reales de las diversas ciudades-estado se casaron entre sí, las ciudades-estado mixtecas a menudo competían por el poder entre sí. Sus códices registraron guerras cruciales entre los principales actores: Jaltepec, Suchixtlán, Tilantongo, Tlaxiaco, Tututepec y Yanhuitlán. Los artistas/escribas que pintaron los códices emplearon colores brillantes y detalles minuciosos, utilizando líneas rojas para dividir la página y guiar al lector a través de un laberinto de historias que se desarrollan. El estilo de escritura varió entre las regiones mixtecas.

Un venerado cuento mixteco encontrado en el Códice Bodley y el Códice Zouche-Nuttall registró las hazañas del renombrado rey del siglo XI Garra de Jaguar de Tilantongo. Ocho Venados fue el día y el mes de su nacimiento, una práctica de nomenclatura típica entre los mixtecos. Gobernó de 1.084 a 1.115 d. C. y se convirtió en el único rey que unió a los mixtecos de las montañas, el valle y la costa, creando un imperio formidable.

Su ciudad de Tilantongo fue una de las ciudades mixtecas más antiguas, pero aun así fue una ciudad líder en la época del Posclásico (900-1521 d. C.). En su primer año como rey, Garra de Jaguar hizo una peregrinación a la ciudad montañosa de Chalcatongo para rendir homenaje a la diosa de la muerte y obtener su respaldo en sus planes de construcción de imperios. Su primer objetivo fue la poderosa ciudad de Tututepec, a unas doscientas millas al sur de Tilantongo, cerca del océano Pacífico.

En ese momento, la región de la costa del Pacífico de Oaxaca tenía una población pequeña, pero tierra fértil para el cultivo de algodón. Los valiosos recursos del océano incluían pescado, sal y conchas marinas (con las que a la élite le encantaba decorar su ropa). El área también tenía selvas tropicales donde crecían los árboles de Theobroma cacao. Los mesoamericanos elaboraban chocolate con granos de cacao; Incluso los usaban como moneda. Los brillantes pájaros quetzal rojos y verdes también vivían en la selva tropical, y la élite mesoamericana codiciaba sus plumas para elaborar tocados y ropa.

Garra de Jaguar y su hermano, Doce Terremotos, conquistaron con éxito Tututepec. En un gran ritual con los sumos sacerdotes y nobles, Garra de Jaguar trasladó a la diosa de la muerte a un templo en el Cerro de los Pájaros en Tututepec. El control de la costa trajo riquezas inimaginables a Garra de Jaguar y su imperio, ya que comerciaban con recursos invaluables en todo México. A partir de 1095, Garra de Jaguar y Doce Terremotos reanudaron su campaña de expansión. En dos años, conquistaron veinticinco ciudades, principalmente de los chatinos, una rama de los zapotecas. Al final de su campaña, la diosa (o sacerdotisa) Lady Nueve Praderas proclamó a Garra de Jaguar como el *yaha yahui* o sumo sacerdote de los mixtecos, dándole el poder de transformarse en un animal o en el viento.

Los toltecas, que gobernaron desde Tollan trescientas millas al norte, colonizaron Cholula en Puebla. El rey tolteca de Cholula era Jaguar Cuatro, Rostro de la Noche, y en 1097 envió cuatro embajadores a Garra de Jaguar, proponiendo una alianza. Los mixtecos y toltecas jugaron un juego de pelota ritual para celebrar su unión, que ganó el equipo de Garra de Jaguar. Después de que Garra de Jaguar ayudara a expandir el territorio tolteca en Puebla, viajó a Cholula para una gran ceremonia. Los toltecas lo recompensaron con un aro de turquesa en la nariz, simbolizando su posición como emperador mixteco.

Rostro de la noche y Garra de jaguar del Códice Zouche-Nuttall
https://commons.wikimedia.org/wiki/File:Oaxaca_ocho_venado.png

La media hermana de Garra de Jaguar, Jade Fan, fue su amante hasta que se casó con su enemigo mortal, el Rey Jaguar Sangriento. Cuando Garra de Jaguar tenía cuarenta años, se casó con la hija de Jade Fan, Trece Serpientes. En el año 1.101 d. C., conquistó la ciudad de su odiado suegro y lo mató a él y a la mayoría de los hermanos de Jaguar Sangriento, perdonando solo al más joven, Cuatro Vientos. Esa fue una mala decisión, ya que Cuatro Vientos lideró un ejército de coalición contra Garra de Jaguar catorce años después. Cuatro Vientos lo tomó prisionero y lo sacrificó.

Los artesanos mixtecos eran famosos por su orfebrería y su destacada experiencia en joyería y mosaicos intrincados. Después de caer en manos de los aztecas, los mixtecos pagaron un tributo anual de artículos de oro y diez cráneos humanos decorados al emperador azteca Moctezuma II. Los cráneos estaban cubiertos con un mosaico de lignito, turquesa y, a veces, jade, con ojos de oro de tonto (pirita de hierro) y caracolas. Los códices mixtecos mostraban a sacerdotes y reyes que llevaban las calaveras como adorno colgando de sus espaldas, probablemente representando al dios Tezcatlipoca.

Un cráneo humano cubierto con un mosaico de turquesa, jade y lignito "artefactos" de los participantes de Wikipedia Loves Art, CC BY 2.5 <https://creativecommons.org/licenses/by/2.5>, vía Wikimedia Commons; https://commons.wikimedia.org/wiki/File:WLA_lacma_Mosaic_Skull_Mixteca-Puebla_Style.jpg

En 1458, los aztecas conquistaron algunas ciudades-estado mixtecas, mientras que otras mantuvieron su independencia. En 1486, los aztecas construyeron un fuerte en el cerro Huaxyácac (cerca de la actual ciudad de Oaxaca), donde administraron el pago de tributos de los zapotecas y mixtecos. Los mixtecos enviaron gran parte de su trabajo artístico en pagos de tributo que es difícil discernir si los aztecas o mixtecos hicieron piezas encontradas en las ciudades aztecas.

Tres décadas después de que los aztecas construyeran el castro de Huaxyácac, se corrió la voz por todo el territorio mixteco de la llegada de barcos que transportaban hombres con barba. En 1521, se enteraron de que los aztecas habían caído en manos del pelirrojo Hernán Cortés y sus soldados. Francisco de Orozco marchó al Valle de Oaxaca al mes siguiente, representando a la Corona española. Los mixtecos se sometieron, en su mayoría pacíficamente, después de haber oído hablar de las atrocidades que sufrieron los aztecas.

Llegaron celosos sacerdotes católicos, decididos a eliminar el politeísmo mixteco. Nuevas enfermedades, como la gripe, el sarampión y la viruela, redujeron los 1,5 millones de mixtecos estimados a 150.000 en 1.650. Sin embargo, una vez que los mixtecos adquirieron inmunidad, la población se recuperó. Hoy en día, alrededor de 800.000 mixtecos viven en México y 500.000 en los Estados Unidos, con 530.000 que todavía hablan las lenguas mixtecas.

Puntos clave:
- Nusabi (gente de las nubes); Mixtecatl en lengua azteca
  - Parientes de los zapotecas en lengua y cultura
  - Ascendió al poder cuando la civilización zapoteca alcanzó su apogeo
- Desarrollo de su civilización
  - Primeras ciudades alrededor del año 500 a. C.
  - Impactados por zapotecas y teotihuacanos
- Compitiendo por el control con otras culturas
  - Obtuvo la supremacía sobre los zapotecos
  - La Reina Seis-Mono y otras mujeres guerreras
- Cultura mixteca
  - Lenguaje y escritura
  - Leyenda de la Garra de Jaguar de los códices
  - Exquisitas joyas de turquesa y oro
- Conquista por aztecas y españoles

Capítulo 5: Los toltecas

Los toltecas emigraron de los duros desiertos del noroeste al centro de México en el siglo VII d. C. y construyeron una poderosa ciudad en el valle de Tula, a setenta millas al norte de la actual Ciudad de México. Su capital, Tollan, creció hasta tener unos sesenta mil habitantes, y sus feroces guerreros conquistaron territorios hasta que gobernó un imperio de colonias que se extendía hasta el sur de México. Aunque su civilización colapsó a mediados del siglo XII, los toltecas dejaron un legado cultural duradero para los aztecas, los mayas y otros pueblos del centro y sur de México.

Su nombre significaba artesano debido a su legendaria habilidad en el arte y la arquitectura. Eran fervientes seguidores del dios serpiente emplumada Quetzalcóatl; su famoso rey Cē Ācatl Topiltzin incluso tomó el nombre de esta deidad. Hacia el final del dominio tolteca, se hicieron famosos por sacrificar personas con frecuencia y exhibir sus cráneos en un estante en el complejo de su templo.

¿Cómo sabemos lo que sabemos sobre los toltecas? Se dice que su sacerdote Huematzin hizo una crónica de su historia, incluido su arduo viaje hacia el sur hasta el valle de Tula, en el *Teoamoxtli* (*Cosas de lo Divino*). Los aztecas dijeron que el libro contenía proverbios toltecas, leyes, ritos de sacrificio, astrología, calendario y filosofía. Si el libro realmente existió, se perdió. Solo unos pocos glifos dispersos en las ruinas toltecas de Tollan indican que los toltecas sabían escribir, aunque los aztecas dijeron que el libro era ilustrado. Los glifos que son de naturaleza central mexicana aparecen en la sección tolteca de Chichén Itzá en la península de Yucatán, una ciudad aparentemente construida tanto por los mayas como por los toltecas.[20]

Los aztecas copiaron el libro o registraron lo que debe haber sido una sólida tradición oral. La tribu mexica de los aztecas también emigró de los desiertos del noroeste, llegando a Tollan poco después de su colapso. Los mexicas vivieron en la ciudad casi abandonada durante veinte años, absorbiendo su cultura. Arreglaron matrimonios con los restos de la nobleza tolteca, afirmando así descender de la aristocracia tolteca. Los aztecas escribieron el Códice Chimalpopoca poco después de la llegada de los españoles; probablemente era una copia de una versión anterior que proporcionaba algunos detalles de la historia tolteca.[21]

Los acolhua-aztecas llegaron al Valle de México antes que los mexicas-aztecas y coexistieron con los toltecas durante al menos medio siglo. Fernando de Alva Cortés Ixtlilxóchitl, descendiente de los reyes acolhua-aztecas, escribió *Relación Histórica de la Nación Tulteca* alrededor de 1600. Consultó los códices antiguos (podrían haber existido más en ese momento) y entrevistó a los ancianos eruditos aztecas, que recordaban las viejas canciones y tradiciones.

Diego Durán, un fraile dominico que creció en México y hablaba náhuatl con fluidez, recopiló relatos de los aztecas y leyó sus códices. Escribió la *Historia de las Indias de Nueva España* a finales de 1.500, un registro de los aztecas y otros pueblos indígenas del centro de México. Algunos eruditos se burlan de los relatos aztecas como mitológicos, y algunos incluso sugieren que el Imperio tolteca era una leyenda sin fundamento. Aunque partes de los relatos aztecas son fantasiosas, la evidencia arqueológica de una enorme ciudad en el valle de Tula con características arquitectónicas distintivas es incuestionable. Además, los mixtecos interactuaron con los toltecas y registraron detalles de la realeza y la colonización del imperio en sus códices.

---

[20] Roß Hassig, *Guerra y sociedad en la antigua Mesoamérica* (Berkeley: University of California Press, 1992), 125.

[21] *Historia y mitología de los aztecas: El Códice Chimalpopoca*, trans. John Bierhorst (Tucson: The University of Arizona Press, 1992).

Pirámide B en Tula con los atlantes en la parte superior y columnatas en la parte inferior
AlejandroLinaresGarcía, CC BY-SA 3.0 <https://creativecommons.org/licenses/by-sa/3.0>, vía
Wikimedia Commons; https://commons.wikimedia.org/wiki/File:TulaSite104.JPG

Los toltecas eran una tribu chichimeca, cazadores y recolectores de habla náhuatl de los áridos páramos del noroeste de México. Según los aztecas, los toltecas abandonaron su estilo de vida nómada para establecer la ciudad de Huehue-Tlapallan. Finalmente, dos jefes toltecas intentaron usurpar el poder, lo que llevó a trece años de guerra civil. Después de perder, los dos jefes y sus partidarios se exiliaron entre mediados de los años 400 y 500 d. C. (dependiendo de cómo se interpreten las fechas en los códices).

Viajaron casi doscientas millas hasta llegar a una tierra llamada Tlapallanconco, donde se reagruparon y se establecieron durante varios años. Su longevo y perspicaz sacerdote astrólogo Huematzin les recordó que la prosperidad y el poder siempre siguen a la persecución. Les advirtió que no se mantuvieran tan cerca de sus enemigos y compartió su visión de una tierra grande y fértil con poca gente.

Los toltecas dejaron a sus ancianos y niños pequeños en Tlapallanconco y se dispusieron a encontrar esa nueva tierra. Se comprometieron a abstenerse de tener relaciones sexuales durante veintitrés años para que los embarazos y los niños pequeños no impidieran su migración. Después de llegar a Xalisco, que estaba cerca del océano, se establecieron durante ocho años. Luego continuaron su migración, moviéndose de un lugar a otro hasta que transcurrieron veintitrés años. Celebrando el fin de su abstinencia con una gran fiesta, reanudaron el amor y comenzaron a tener bebés nuevamente. Continuaron moviéndose cada pocos años, pero dejaron atrás a algunas familias para establecer colonias.

Después de más de un siglo de mudarse de un asentamiento temporal a otro, llegaron a su destino final de Tula (o Tollan) en el actual estado de Hidalgo. Llegados entre mediados de los años 500 y mediados de los 600, los toltecas no fueron los primeros habitantes de Tula. La enorme ciudad de Teotihuacán, a sesenta millas al sureste, había colonizado la zona durante siglos. Pero Teotihuacán estaba en sus últimos estertores y no estaba en condiciones de desafiar a los recién llegados.

Se dice que el sumo sacerdote Huematzin todavía estaba vivo, aunque habría tenido más de un siglo de vida. Sugirió que llegaran a un acuerdo con la cercana tribu chichimeca, una rama diferente de los toltecas y una amenaza potencial. Le pidieron al jefe tribal chichimeca que entregara a uno de sus hijos para que fuera su rey a cambio de dejar en paz a los toltecas. Así, su primer rey fue el príncipe chichimeca Chalchiuhtlanetzin, que gobernó durante cincuenta y dos años.

El siguiente rey fue Ixtlilcuechahua, que era hijo de Chalchiuhtlanetzin o hijo de un cacique tolteca, según el relato. En este punto, Teotihuacán, la antigua potencia del centro de México, se había derrumbado, e Ixtlilcuechahua expandió el dominio tolteca sobre las antiguas colonias teotihuacanas. El estilo arquitectónico y los artefactos toltecas se han encontrado desde el Pacífico hasta el Golfo de México y en la península de Yucatán, donde los toltecas migraron en varias oleadas.

Los guerreros atlantes están de centinela en la cima de la Pirámide B en Tollan
H. Grobe, CC BY 3.0 <https://creativecommons.org/licenses/by/3.0>, vía Wikimedia Commons; https://commons.wikimedia.org/wiki/File:Mexico1980-170_hg_1.jpg

Junto al antiguo asentamiento de Tula Chica, los toltecas construyeron Tula Grande, una impresionante ciudad reluciente con jade, oro y llamativas esculturas y arquitectura. En el centro de Tula Grande, también conocida como Tollan, se encuentran las notables ruinas de su plaza ceremonial, con un juego de pelota y llamativas pirámides y templos. La Pirámide B de cinco niveles es un ejemplo impresionante de la increíble arquitectura de los toltecas. En su cima se encuentran Los Atlantes, de casi quince pies de altura: pilares tallados en forma de guerreros que sostienen lanzas atlatl que alguna vez sostuvieron el techo de un templo. Frente a la pirámide se encuentran los restos de una pasarela con columnas. Hileras de tallas de jaguares que se alternan con coyotes y águilas decoran la pirámide.

El líder tolteca más prominente fue el semi-mitológico Cē Ācatl Topiltzin, que gobernó en el siglo X. Su padre fue Mixcóatl, un gran jefe tolteca que más tarde fue elevado a la categoría de deidad como el dios azteca de la caza. Mixcóatl estaba cazando un día cuando se encontró con una mujer desnuda llamada Chimalma. Por alguna razón, comenzó a dispararle flechas, pero ella tenía el poder de desviar sus flechas, lo que despertó su admiración y pasión. Mixcóatl se casó con Chimalma, quien quedó embarazada cuando se tragó una piedra de jade.

Mixcóatl fue asesinado por su hermano, y Chimalma murió en el parto, dejando huérfana a la recién nacida Cē Ācatl Topiltzin. Los padres de Chimalma lo criaron, enseñándole sobre la deidad serpiente emplumada Quetzalcóatl, que era adorada en la cercana megaciudad de Teotihuacán. Cē Ācatl Topiltzin era tan devoto del dios que tomó su nombre; sin embargo, detestaba los sacrificios humanos que los teotihuacanos ofrecían a Quetzalcóatl.

Cuando Cē Ācatl Topiltzin Quetzalcóatl creció, mató al asesino de su padre y se convirtió en el rey de Tollan, alentando la adoración de Quetzalcóatl, pero prohibiendo los sacrificios humanos. Su reinado fue la Edad de Oro tolteca, una época de prosperidad y paz. La ciudad avanzó en la tecnología agrícola y se hizo famosa por su arte. Los migrantes llegaron a raudales a la rica ciudad, en busca de una vida mejor. Durante más de cincuenta años, Cē Ācatl Topiltzin sirvió como su rey y sacerdote. Era un gobernante sabio y misericordioso.

Pero entonces, el dios del humo y los espejos, Tezcatlipoca, engañó a Cē Ācatl Topiltzin con magia negra dándole un espejo. Cuando el rey lo miró, su rostro estaba distorsionado. Tezcatlipoca lo tranquilizó diciéndole: "No te preocupes, solo bebe esta poción y volverás a verte normal. ¡Mirar! Aquí está tu hermana. ¿Por qué no compartes la bebida con ella?"

El rey y su hermana no sabían que la bebida contenía alucinógenos. Al día siguiente, los asistentes de Topiltzin lo encontraron acostado junto a su hermana, ambos desnudos. El rey no estaba seguro de lo que había sucedido, pero se sintió humillado y horrorizado. Dejó Tollan y vagó por México, cortándose hasta que su sangre corrió en un miserable intento de purgar su pecado. Finalmente, llegó al Golfo de México.

Su historia tiene varios finales. Una es que Topiltzin se inmoló en una pira funeraria. Mientras miles de pájaros quetzal rojos y verdes salían volando de las llamas, su espíritu se elevó hacia el cielo para convertirse en Venus, la estrella de la mañana. Otra versión es que navegó en una balsa serpentina hacia el Golfo de México, prometiendo regresar en un año de "una caña", el comienzo del ciclo de cincuenta y dos años del calendario mesoamericano. Siglos más tarde, cuando Hernán Cortés llegó en barco en un año de una caña, algunos aztecas pensaron que podría ser el Topiltzin Quetzalcóatl que regresaba. [22]

Cē Ācatl Topiltzin en su balsa de serpientes del Códice de Fray Durán
https://commons.wikimedia.org/wiki/File:Quetzalcoatl_on_his_raft_of_serpents.jpg

---

[22] *El Códice Chimalpopoca*, 26.

La abdicación de Topiltzin dejó un vacío de poder en Tollan. La mayor parte de la población migrante de la ciudad provenía de culturas donde el sacrificio humano se consideraba un mal necesario para mantener el equilibrio del cosmos. Los toltecas rara vez habían practicado sacrificios humanos, y Topiltzin trató de erradicarlos. Sin embargo, una vez que estuvo fuera de escena, la nueva clase dominante siguió adelante con la sangrienta práctica. En la plaza ceremonial central había un estante de cráneos que contenía las cabezas de las víctimas de sacrificio cuyos corazones palpitantes habían sido cortados de sus cuerpos. Los arqueólogos desenterraron los esqueletos de veinticuatro niños, de entre cinco y quince años, que habían sido decapitados en un sacrificio masivo a Tláloc, el dios de la lluvia. En otra fosa común, encontraron cuarenta y nueve víctimas más de sacrificios de niños.

La ciudad estaba dividida en dos grupos. Por un lado, estaban los toltecas pro-Quetzalcóatl, que estaban en contra de los sacrificios humanos y favorecían una teocracia dirigida por un rey-sacerdote. El otro bando favorecía una dictadura militar y frecuentes sacrificios humanos para asegurar el éxito en la guerra y la protección contra las calamidades. Durante siglos, las luchas intestinas continuaron, estallando y luego apagándose. Algunos toltecas partieron hacia otros lugares, como la península de Yucatán.

En medio del caos, una joven llamada Xóchitl llamó la atención del rey Tecpancaltzin cuando visitó el palacio con su familia. Su padre, Papantzin, quería presentarle al rey una bebida que había inventado llamada pulque, que estaba hecha de savia fermentada de agave (maguey). El rey disfrutó de la bebida y le pidió a Papantzin que enviara a Xóchitl con más. Cuando Xóchitl regresó con el pulque, el rey detuvo a Xóchitl y la convirtió en su concubina. Papantzin llegó al palacio, farfullando de rabia, pero Tecpancaltzin le concedió tierras y títulos para mantenerlo callado. Xóchitl tuvo un hijo llamado Meconetzin, "hijo del maguey", que se convirtió en el príncipe heredero, ya que la esposa del rey no tenía hijos varones. Cuando la reina Maxio murió, Tecpancaltzin nombró a Xóchitl su reina.

A medida que se desarrollaban las intrigas palaciegas, el conflicto etnoreligioso sacudió la ciudad sobre el tema de los sacrificios humanos y si Quetzalcóatl o el dios de humo y espejos Tezcatlipoca debía ser la deidad principal. Después de décadas, el cisma finalmente llegó a un punto de ebullición con una gran batalla en la que prevaleció la facción de Tezcatlipoca. Xóchitl lideró un batallón femenino en combate en un intento desesperado por cambiar el rumbo de la guerra, pero ella y el rey Tecpancaltzin murieron en el campo de batalla.

Meconetzin, de quien Ixtlilxóchitl dijo que también se llamaba Topiltzin, ascendió al trono y aparentemente logró sofocar el conflicto. Muchos seguidores de Quetzalcóatl emigraron a Yucatán, uniéndose a una próspera comunidad tolteca allí. Durante el reinado de Meconetzin, aparecieron presagios espeluznantes que anunciaban un desastre inminente. Estos presagios incluían un conejo deforme con lo que parecían cuernos de ciervo, que fue seguido por una epidemia que mató a novecientas personas.

El último rey tolteca fue Huémac, quien heredó un reino al borde del colapso. Una megasequía casi aniquiló a la civilización maya de la península de Yucatán y también podría haber afectado a Tollan. Los toltecas sufrieron una hambruna de siete años, y Huémac sacrificó a sus hijos en un intento frenético por recuperar el favor del dios de la lluvia Tláloc. Alrededor del año 1.115 d. C., los chichimecas invadieron y quemaron las pirámides y los templos.

Eventualmente, Huémac sacó a la mayoría de los toltecas restantes de la ciudad, y vagaron durante siete años, con algunos del grupo dispersándose a Yucatán y Puebla. Finalmente, se asentaron en el asentamiento teotihuacano del cerro de Chapultepec, ubicado en el extremo sur del lago de Texcoco (en la actual Ciudad de México). Los toltecas continuaron en las colonias que habían establecido en el Valle de México, Puebla y Yucatán, pero ya no eran un imperio unido.

Puntos clave:
- Fuentes para la historia tolteca
    - Códices aztecas, supuestamente basados en Teoamoxtli (Cosas de lo Divino)
    - Fernando de Alva Cortés Ixtlilxóchitl (Relación Histórica de la Nación Tulteca)
    - Historia de las Indias de la Nueva España de Durán
- Primeros asentamientos y civilización
    - Una tribu chichimeca que emigró al sur
    - Llegó a Tollan (Tula) en el siglo VI o VII d. C.
    - El rey Ixtlilcuechahua expandió el territorio tolteca
    - Pirámide B y Los Atlantes

- Cē Ācatl Topiltzin
    - Padres míticos Mixcóatl y Chimalma
    - Reinó sobre un reino pacífico; sacrificios humanos erradicados
    - Trono abdicado; juró regresar en un año de una caña
- Emperatriz Xóchitl
    - De concubina a reina
    - Cabalgaste a la batalla con las mujeres de Tollan
- El emperador Huémac y el colapso tolteca
    - Guerra civil, sequía y ataque chichimeca
    - Huémac condujo los remanentes a Chapultepec

Capítulo 6: Los aztecas

Desde su isla en un pantano, los extraordinarios aztecas construyeron un increíble imperio que cubría ochenta mil millas cuadradas, con seis millones de personas viviendo en alrededor de quinientas ciudades-estado. Aunque los aztecas llegaron tarde al Valle de México, estaban empoderados por una fuerte identidad propia y una visión de grandeza. La astuta habilidad de los aztecas para asimilar otras culturas y adaptarse a los rápidos cambios los catapultó a la cima. Sin embargo, su crueldad y desprecio por sus provincias descontentas abrieron la puerta para su catastrófica caída ante los conquistadores españoles.

Los aztecas eran tristemente célebres por sus sangrientos y frecuentes sacrificios humanos e incluso por su canibalismo. Sin embargo, tenían escuelas en todos los barrios, con educación obligatoria para todos los adolescentes de ambos sexos. Los mexicas-aztecas vivían en una ciudad prístina con un sistema de gestión de residuos notablemente avanzado. Tenían un código de leyes y un sistema de bienestar social para huérfanos, viudas, pobres, ancianos y guerreros heridos. Un acueducto canalizado con agua potable para la población de Tenochtitlan, de 200.000 habitantes, con diques y presas que proporcionan un ingenioso control de las inundaciones. Al carecer de tierras cultivables, construyeron islas flotantes para cultivar alimentos para su enorme población.

El mito del origen azteca comenzó con siete tribus en la idílica isla de Aztlán. Todos eran aztecas, llamados así por su isla, pero las tribus eran los xochimilca, tlahuica, acolhua, tlaxcalteca, tepaneca, chalca y mexica. Una a una, las tribus de habla náhuatl abandonaron su isla paradisíaca y emigraron hacia el sur, al Valle de México. Los últimos en irse fueron los mexicas, cuyos códices dicen que salieron de Aztlán alrededor de 1.168 d. C.[23]

Cuando cruzaron a tierra firme, el dios colibrí Huitzilopochtli les cantó desde la orilla, diciéndoles que ahora eran su pueblo. Les dio las herramientas necesarias para su viaje y los convirtió en un pueblo poderoso y rico, pero tenían que hacer una cosa: sacrificarle humanos. Así, capturaron a una mujer y dos hombres de la tribu Chicomóztoc-Mimixcoa y los ofrecieron a Huitzilopochtli como sus primeros sacrificios humanos.

Siguiendo a su nuevo dios, los mexicas-aztecas viajaron hacia el sur a través del abrasador desierto. Finalmente, llegaron al valle densamente poblado de Anáhuac que rodea el lago de Texcoco, una región con lluvias confiables y buen suelo. Los mexicas se encontraron con las otras tribus de Aztlán, pero sus parientes no fueron acogedores. Ya habían forjado sus nuevas ciudades-estado y no querían luchas de poder por los recursos y la tierra.

Durante casi un siglo, los mexicas-aztecas vivieron en una servidumbre similar a la esclavitud como soldados mercenarios y trabajadores de la construcción para sus tribus de parientes. Se casaron entre sí en un intento de construir alianzas y finalmente capturaron la isla de Chapultepec de los tepanecas. Considerando que la isla era sagrada porque veneraban a sus anteriores habitantes teotihuacanos y toltecas, los mexicas vivieron allí durante veinte años hasta que los tepanecas se la arrebataron. Luego, encontraron refugio con el pueblo Colhuacán, descendientes de los toltecas, y se aliaron con ellos en una guerra contra los Xochimilca, otra tribu azteca.

Después de matar a miles de guerreros xochimilcas en nombre de sus señores, los mexicas preguntaron por la hija del rey de Colhuacán, diciéndole que querían adorarla como a una diosa. Su idea de "adoración" era extraña y macabra: la mataban y la desollaban, y el sumo sacerdote mexica vestía su piel. Furiosos, los colhuacanos vinieron tras ellos, decididos a destruir hasta el último hombre. Los mexicas huyeron hacia el pantano, y mientras se escondían en las espadañas, su dios Huitzilopochtli les dijo que buscaran un águila posada en un nopal. Debían construir su nueva ciudad en ese lugar y subyugar a las tribus y ciudades circundantes.

---

[23]Elzey, "Una colina en una tierra", 110-11.

Al día siguiente, lo vieron. Un águila con una serpiente en sus garras estaba sentada sobre un nopal en una isla en el extremo suroeste pantanoso del lago de Texcoco. La tierra pertenecía a los tepanecas-aztecas, sus antiguos enemigos, pero forjaron una nueva alianza: lucharían como mercenarios para los tepanecas a cambio de la isla. Los mexicas construyeron Tenochtitlan en la ciénaga. Conectaron la isla con calzadas hacia el continente y se abrieron camino hasta la cima contra sus tribus rivales.

Mural de Diego Rivera que representa la calzada que conduce a Tenochtitlan
https://commons.wikimedia.org/wiki/File:El_templo_mayor_en_Tenochtitlan.png

Sus primeras casas eran estructuras de totora, pero a medida que crecía su riqueza, los mexicas construyeron casas de piedra y madera. Un gran complejo ceremonial con una alta pirámide (el Templo Mayor) coronado por dos templos se encontraba en el centro de Tenochtitlan, rodeado por cuatro distritos. Alrededor del complejo central del templo se alzaban los relucientes palacios de los aristócratas de la ciudad. Tenochtitlan creció a unas 200.000 personas, más grande que la mayoría de las ciudades europeas de su época. Los canales cruzaban su ciudad isleña a través de la cual los mexicas viajaban en canoa.

Itzcóatl, el cuarto *tlatoani* o rey mexica, liberó a Tenochtitlan del dominio tepaneco y formó un imperio con otras dos ciudades-estado. Su nombre significaba serpiente de obsidiana, y había estado esperando en silencio la oportunidad adecuada para atacar. Su padre fue el primer rey de Tenochtitlan, luego su medio hermano mayor y luego el hijo de su hermano, Chimalpopoca. Mientras tanto, Itzcóatl formó astutas alianzas para su objetivo final de deshacerse del señorío tepaneco.

En este punto, los mexicas habían ascendido en poder para convertirse en los señores supremos de otras dos tribus aztecas: los xochimilca y los tlahuica. Sin embargo, técnicamente seguían estando bajo el señorío tepaneco. Luego, el poderoso *tepaneco huey tlatoani* (emperador) Tezozomoc murió, y un hijo menor, Maxtla, dio un golpe de estado y le robó el trono a su medio hermano, Tayatzin. El rey mexica Chimalpopoca acudió en ayuda de Tayatzin, hermano de su madre, pero los hombres de Maxtla capturaron Chimalpopoca. Lo metieron en una jaula, donde murió estrangulado, ya sea por su propia mano o por los tepanecs.

Este súbito cambio en los asuntos empujó a Itzcóatl al trono mexica; Sin embargo, se enfrentó a una crisis inmediata. El emperador Maxtla no había terminado de castigar a Tenochtitlan. Bloqueó la ciudad mexica y cortó el acueducto para llevar agua potable a los ciudadanos. También planeó matar a Nezahualcóyotl, amigo de Itzcóatl y rey acolhua de Texcoco, que estaba justo al otro lado del lago de Teotihuacán. Nezahualcóyotl huyó hacia el este, a Huexotzinco, una antigua ciudad tolteca cercana a Puebla, y reunió el apoyo de su rey, que resultó ser otro amigo de Itzcóatl.

Itzcóatl también pidió ayuda a la ciudad de Tlacopan. Tlacopan era en realidad una ciudad tepaneca, pero había luchado contra el usurpador Maxtla y había perdido. Sabían que Maxtla se vengaría, por lo que se aliaron con Tenochtitlan y Texcoco para sobrevivir. El rey Nezahualcóyotl de Texcoco negoció una alianza de 100.000 hombres y 5 ciudades contra el emperador Maxtla. Estas ciudades-estado incluían Tenochtitlan, Texcoco, Tlacopan, Huexotzinco y Tlatelolco, otra ciudad mexica.

La batalla de Azcapotzalco del Códice Tovar del siglo XVI
https://commons.wikimedia.org/wiki/File:The_Battle_of_Azcapotzalco_WDL6746.png

En 1428, el ejército de la coalición conquistó las ciudades tepanecas hostiles y luego puso sitio a la capital tepaneca de Azcapotzalco. El ejército incendió la capital y sacrificó a Maxtla. Los militares de Huexotzinco regresaron a casa, dejando en el poder a las ciudades mexicas y acolhuas, junto con los tepanecas de Tlacopan. Tenochtitlan, Texcoco y Tlacopan formaron la Triple Alianza de las tres ciudades aztecas, acordando seguir conquistando juntas hasta gobernar todo el centro de México. Tenochtitlan y Texcoco recibirían cada una dos quintas partes de los tributos de las ciudades subyugadas, y Tlacopán recibiría una quinta parte.[24]

Y así nació el Imperio azteca. El acuerdo original era turnarse para gobernar el imperio, pero después de unos años, Tenochtitlan se convirtió en la cabeza militar y política suprema. Texcoco se convirtió en un brillante centro cultural, ya que Nezahualcóyotl reunió a filósofos y eruditos en su ciudad y escribió su primer código de leyes. El rey era arquitecto e ingeniero y ayudó a Tenochtitlan con un dique y un sistema de presas para el control de inundaciones. También diseñó magníficos

---

[24] Richard F. Townsend *Los aztecas* (3ª, ed. revisada) (Londres: Thames & Hudson, 2009), 74-5.

templos y su palacio en lo alto de un acantilado en Texcoco. Tlacopan, el socio menor de la Triple Alianza, pasó a un segundo plano.

Culturalmente, los aztecas tendían a ser asimiladores más que inventores, llevando algunas costumbres a extremos grotescos. Siguieron el calendario solar mesoamericano de 365 días, al que llamaron xiuhpōhualli, y el calendario ritual de 260 días, tōnalpōhualli. El calendario ritual se dividía en unidades de veinte días, cada una con un festival dedicado a una deidad específica. En la Fiesta de Atlcahualo, sacrificaban a los niños de las familias aztecas de élite a Tláloc, el dios de la lluvia. La siguiente fiesta era Tlacaxipehualiztli, cuando los sacerdotes llevaban las pieles de las víctimas de los sacrificios.

Los calendarios solares y rituales se alineaban cada cincuenta y dos años, un evento que se celebraba con la Ceremonia del Nuevo Fuego. Los aztecas ampliaron sus pirámides y templos, y la gente limpió a fondo sus casas y tiró ollas viejas y ropa en este tiempo de renovación. La noche anterior al primer día del nuevo ciclo de cincuenta y dos años, apagarían todos los fuegos de los hogares y templos de la ciudad. En la cima del cerro Huizachtecatl, una montaña alta que se podía ver desde los pueblos alrededor del lago de Texcoco, sacrificaron una víctima y encendieron una hoguera. De ese fuego, las antorchas bajaban de la montaña a las ciudades, volviendo a encender los fuegos en cada hogar y templo.[25]

El papel de la religión afectó a todas las clases de la sociedad azteca y, como estado teocrático, la religión se integró con la política. El rey también era sacerdote; Su deber era mantener el equilibrio y la armonía en su ciudad-estado y en el cosmos. Bajo el rey había una jerarquía de sacerdotes, sacerdotisas, monjes y monjas que cuidaban los grandes templos en el centro de la ciudad y ministraban en los santuarios del vecindario. La mayoría de la gente comenzaba sus días visitando los templos locales para rezar a los dioses.

---

[25]Roß Hassig, *Tiempo, historia y creencias en el México azteca y colonial* (Austin: University of Texas Press, 2001), 7-19.

Huitzilopochtli del Códice Telleriano-Remensis, del siglo XVI
https://commons.wikimedia.org/wiki/File:Huitzilopochtli_telleriano.jpg#file

La principal deidad azteca era Huitzilopochtli, el sanguinario colibrí dios de la guerra y el sol. Huitzilopochtli exigía sacrificios humanos en números cada vez mayores. Su culto a veces incluía el canibalismo de los brazos y muslos de las víctimas sacrificiales. Este dios era específico de los mexicas-aztecas. Otras culturas no rindieron culto a Huitzilopochtli hasta que los aztecas ganaron el poder. A medida que conquistaban nuevas ciudades y pueblos, dejaban que la gente adorara a los dioses que quisieran, siempre y cuando añadieran a Huitzilopochtli a la mezcla como cabeza de su panteón.

Otra deidad importante era Tezcatlipoca, el astuto dios del humo y los espejos de la noche. El hermano y némesis de la deidad serpiente emplumada Quetzalcóatl, Tezcatlipoca, engañó al rey tolteca Cē Ācatl Topiltzin con su magia negra. La adoración de este dios condujo a un aumento horrible de los sacrificios humanos. Durante un año antes del festival de Toxcatl, un joven soldado guapo y fuerte se hizo pasar por el dios. Luego, los aztecas lo sacrificaron mientras los tambores sonaban y los bailarines giraban y se cortaban con cuchillos. La cabeza del joven adornaba el estante de cráneos que podía contener miles de reliquias espeluznantes, una costumbre heredada de los toltecas.

Tláloc, la deidad de la lluvia, había sido adorada por los teotihuacanos, los toltecas y muchas otras civilizaciones mesoamericanas. Como la mayoría de las culturas del antiguo México, los aztecas lo retrataron con ojos saltones y colmillos. En la cima de la pirámide más alta de Tenochtitlan, el Templo Mayor, había dos templos: uno para Huitzilopochtli y otro para Tláloc, quien exigía el sacrificio de niños a cambio de lluvia. Las familias de élite daban a sus bebés varones para que se ahogaran, y el 20 por ciento de los niños de Tenochtitlan alimentaban al dios, especialmente en tiempos de sequía.

Los niños que sobrevivían a las cinco fiestas anuales que incluían sacrificios de niños eran escolarizados en casa desde los tres hasta los trece años. Entonces, los adolescentes de ambos sexos asistían a las escuelas del barrio; los mexicas-aztecas fueron de los primeros en el mundo en exigir la educación para los jóvenes. Los niños más pequeños aprendieron habilidades prácticas de sus padres. Las madres enseñaban a sus hijas a tejer algodón y a cocinar. Los niños iban a trabajar con sus padres para aprender un oficio. Sus padres también les enseñaron a pescar y a hacer cestas con juncos.

Alrededor de los catorce años, los niños de la nobleza asistían a una escuela *calmecac*, donde vivían en dormitorios y estudiaban astronomía, lectura, escritura, historia, religión y guerra. Su formación se centró en puestos como administradores, pintores de códices, profesionales médicos, sacerdotes y maestros. Los niños de familias que no pertenecían a la élite también vivían en dormitorios en las escuelas *telpochcalli*, donde recibían instrucción en habilidades militares y religión. Continuaron formándose en un oficio, como la artesanía o la agricultura. Las adolescentes vivían en casa, pero asistían a la escuela diurna para aprender teología, baile y canto. Algunas niñas recibieron capacitación en obstetricia y otros trabajos médicos.

Tenochtitlan necesitaba una forma de alimentar a sus 200.000 habitantes que vivían en dos islas conectadas, por lo que exigió tributos de maíz y otros alimentos a las provincias. Para las verduras frescas, la ciudad dependía de los jardines flotantes, llamados chinampas, que rodeaban la ciudad. Jardines flotantes más extensos crecieron en el lago de Xochimilco, que se conectaba con el extremo sur del lago de Texcoco. Los xochimilcas enviaban comida a Tenochtitlan en balsa como pago de tributos.

Los agricultores del lago construyeron soportes submarinos de estacas de madera y cañas tejidas para formar una plataforma en la que amontonarían el lodo dragado del fondo poco profundo del lago. En el clima templado, los agricultores cultivaban siete cosechas al año en los fértiles jardines flotantes. Cuando cosechaban un cultivo, inmediatamente plantaban uno nuevo a partir de plántulas iniciadas en balsas. Los campesinos viajaban en canoa por los canales que conectaban los jardines flotantes.

Los aztecas entraron en el Valle de México como una banda heterogénea de nómadas, pero se adaptaron rápidamente a las culturas más civilizadas mientras luchaban constantemente por llegar a la cima. Se liberaron de sus señores a través de astutas alianzas y formaron un gran imperio. Y, sin embargo, se vino abajo solo un siglo después, cuando llegaron los españoles. Tal vez habría implosionado de todos modos, incluso si los europeos no hubieran invadido.

Los aztecas vaciaron de recursos las provincias que gobernaban sin dar mucho a cambio. Reclutaron a sus guerreros para que lucharan por ellos y tomaron a sus hijos como esclavos y víctimas de sacrificios. Atacaron a sus vecinos para adquirir más víctimas para alimentar a sus dioses sedientos de sangre. Tampoco se dieron cuenta de que el liderazgo siempre debe mirar hacia el futuro, protegiendo sus recursos y administrando a su gente para enfrentar los desafíos futuros.

Puntos clave:
- Quinientas ciudades-estado y seis millones de habitantes
- Tenía un código legal, un sistema de gestión de residuos y un sistema de bienestar social.
    - Resumen de la historia
    - Aztlán: isla de origen
    - Dirigido por el dios colibrí Huitzilopochtli
    - Sumisión a otras tribus durante aproximadamente un siglo
    - Formó la Triple Alianza con Texcoco y Tlacopan

- Sistema de calendario
  - Calendario solar de 365 días (xiuhpōhualli) y calendario ritual de 260 días (tōnalpōhualli)
  - La Nueva Ceremonia del Fuego inició un nuevo ciclo de cincuenta y dos años
- El papel de la religión
  - Teocracia, donde los reyes también eran sacerdotes
  - Dios principal Huitzilopochtli, el dios colibrí de la guerra y el sol
  - El segundo en rango era Tláloc, el dios de la lluvia, que exigía el sacrificio de niños
  - Tezcatlipoca y Quetzalcóatl fueron otros dioses importantes.
  - La adoración implicaba sacrificios humanos y, a veces, canibalismo
- Educación obligatoria para todos los chicos y chicas adolescentes
- Las chinampas flotantes alimentaban a la gran población

SEGUNDA PARTE:
Períodos históricos

Capítulo 7: México Preclásico (1900 a. C.-250 d. C.)

Los humanos vivieron en el México antiguo desde los días en que los mamuts colombinos de catorce pies de altura vagaban por el Valle de México. Con el tiempo, los antiguos humanos pasaron de ser cazadores y recolectores nómadas a agricultores que vivían en aldeas permanentes o semipermanentes. Algunas civilizaciones avanzaron más rápido que otras, especialmente en áreas fértiles, bien regadas y aptas para la agricultura.

La cueva de Guilá Naquitz se adentra en la base de un acantilado a tres millas de Mitla, en el Valle de Oaxaca. Contiene semillas que datan del año 6.000 a. C. y es la evidencia más antigua de cultivos domesticados en México. ¿Cuáles fueron las primeras plantas cultivadas en México? La calabaza fue la primera, seguida por el maíz y el frijol. Estas tres plantas formaron la plantación complementaria Tres Hermanas, que se extendió desde México a través de América del Norte. Los indígenas plantaban frijoles alrededor de los tallos de maíz, que actuaban como un enrejado, mientras que los frijoles ponían nitrógeno en el suelo. Entre los tallos de maíz, la gente cultivaba calabazas, que daban sombra al suelo, manteniéndolo húmedo.

Los arqueólogos dividen la historia mesoamericana prehispánica en tres grandes épocas: Preclásico, Clásico y Posclásico. Los eruditos no se ponen de acuerdo sobre cuándo comenzó y terminó exactamente cada período y subperíodo, pero son más o menos los mismos. El período Preclásico se extendió desde aproximadamente 1.900 a. C. hasta 250 d.

C., el período Clásico desde 250 a 900 d. C. y el Posclásico desde 900 a 1.521 d. C.

Este capítulo explora el período Preclásico, también conocido como la era Formativa, cuando las personas comenzaron a hacer cerámica, formar centros ceremoniales y construir ciudades. El período Formativo está marcado por la aparición de métodos agrícolas más sofisticados, el desarrollo de las artes y las sociedades jerárquicas. Se le llama Preclásico, ya que el período Clásico marca el inicio de megaciudades, como Teotihuacán, con arte y arquitectura elaborados.

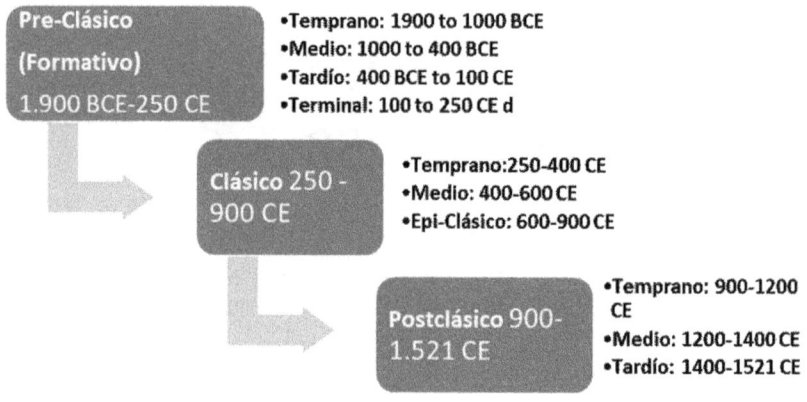

Una guía práctica de las épocas mesoamericanas.

La era Preclásica tiene cuatro subdivisiones: el Formativo Temprano (1.900-1.000 a. C.), el Formativo Medio (1.000-400 a. C.), el Formativo Tardío (400 a. C.-100 d. C.) y el Formativo Terminal (100-250 d. C.). Los antiguos pueblos de México aprendieron a formar vasijas de barro y a cocerlas en pozos o fogatas abiertas al comienzo de la era Formativa Temprana. Los estudiosos analizan los tipos distintivos de cerámica para identificar los períodos históricos y las civilizaciones que los fabricaron.

Puerto Marqués y La Zanja, al sur de la Bahía de Acapulco en Guerrero, podrían ser los sitios de la cerámica más antigua conocida de México. El arqueólogo Charles Brush lo llamó Cerámica de la viruela porque pequeños hoyos marcaban el interior de las vasijas, posiblemente causados por la limpieza del interior a medida que la arcilla se secaba. Utilizando análisis de radiocarbono, fechó la cerámica de Puerto Marqués en el año 2.400 a. C. Sin embargo, una excavación reciente databa cerámica similar de Puerto Marqués entre 1.820 y 1.400 a. C.

Novecientas millas por la costa del Pacífico desde Puerto Marqués se encuentra el Paso de la Amada en el estado de Chiapas, en la región de Mazatán, cerca de la frontera con Guatemala. A partir del año 1900 a. C., el pueblo Mokaya se asentó en esta zona, produciendo jarras de cerámica *tecomate* redondas y sin cuello. Los Mokaya entraron en su fase Locona alrededor de 1.650, con más variedad en su cerámica, incluyendo figurillas.

La fase Locona también marcó el inicio de los cacicazgos y la arquitectura a gran escala y cuando el Paso de la Amada se convirtió en un centro ceremonial regional. Los Mokaya construyeron el primer juego de pelota conocido de México con un piso de tierra compactado hundido alrededor del año 1.650 a. C. Tenía hileras de bancos de tierra a cada lado del estrecho campo de juego en forma de callejón, que tenía unos 250 pies de largo, 22 pies de ancho y estaba abierto en cada extremo.[26]

Doscientas millas al sur de Paso de la Amada se encuentra Chiapa de Corzo, en la costa del Pacífico. El pueblo zoque se asentó aquí alrededor del año 1.400 a. C., desarrollando una sofisticada escritura jeroglífica casi al mismo tiempo que los mayas. Del 1.200 al 600 a. C., Chiapa de Corzo fue uno de los centros urbanos más grandes de México, con una fuerte conexión con los olmecas, a juzgar por las pirámides y los estilos de cerámica. El pueblo zoque local podría haber sido un socio comercial vital o colonizado por los olmecas, cuya área central estaba a 160 millas al norte.

Basándose en la alineación de La Venta, los arqueólogos creen que los olmecas utilizaron el calendario ritual de 260 días hacia el año 800 a. C. La primera fecha escrita, correspondiente a diciembre del año 36 a. C. en nuestro calendario, fue en Chiapa de Corzo en la Estela Dos, aparentemente inscrita por los epi-olmecas. El bloque olmeca de Cascajal encontrado cerca de San Lorenzo demostró que los olmecas usaban glifos simples a finales del siglo X a. C. Los epi-olmecas desarrollaron la escritura ístmica más sofisticada. Un fragmento de vasija encontrado en Chiapa de Corzo que data de aproximadamente el año 300 a. C. es el ejemplo más antiguo del texto epi-olmeca y es paralelo a la aparición de la escritura logo-silábica maya.

Chiapa de Corzo tiene la tumba piramidal más antigua, que data de entre el 700 y el 500 a. C. Un sacerdote o rey de unos cincuenta años

---

[26] Blomster y Salazar, "Orígenes del Juego de Pelota Mesoamericano".

yacía en una cámara de piedra dentro de la pirámide con un bebé de un año en el pecho. Otro varón, de unos dieciocho años, fue arrojado sin ceremonias a la tumba. Probablemente era un sirviente sacrificado para servir a su amo en el más allá. En un rellano fuera de la tumba yacía una mujer de mediana edad, probablemente su esposa. El hombre y la mujer llevaban collares de jade, sus cuerpos estaban cubiertos con adornos de perlas, jade y ámbar, y sus bocas estaban llenas de joyas preciosas. En la tumba había cerámica de tipo olmeca, pero las paredes de piedra y el techo de madera fueron una innovación zoque.

Mientras que los mokaya, los olmecas y los zoques florecieron en el sur, Tlatilco surgió como un centro de cacicazgo temprano en el Valle de México alrededor del año 1.250 a. C., a unas treinta millas al norte de la actual Ciudad de México. Su ciudad hermana de Tlapacoya, al sureste de la Ciudad de México, fue fundada antes, alrededor del año 1.500 a. C. Los Tlatilco eran prósperos socios comerciales de los olmecas y eran conocidos por sus peculiares figurillas de terracota.

Las figurillas de la "dama bonita" de Tlatilco tenían cinturas delgadas, caderas anchas, muslos en forma de globo y, por lo general, no tenían pies ni manos. Las estatuillas de cerámica medían unos seis centímetros de alto y a veces llevaban faldas tipo bailarina. Tenían los ojos rasgados. Algunos llevaban pendientes de aro, y la mayoría tenía una cofia trenzada o una gorra. Algunas estaban embarazadas o tenían un hijo en brazos, lo que sugiere un culto a la fertilidad, y algunas figurillas tenían dos o tres caras. La cultura de Tlatilco se desvaneció hacia el 800 a. C. por razones poco claras.

Figurillas de Tlatilco que datan de 1.300 a 1.000 a. C.
Madman2001, CC BY-SA 4.0 <https://creativecommons.org/licenses/by-sa/4.0>, vía Wikimedia Commons; https://commons.wikimedia.org/wiki/File:Tlatilco_culture_figurines.jpg

A unas 250 millas al sur del Valle de México, la civilización zapoteca surgió casi al mismo tiempo que la civilización de Tlatilco. Los zapotecas erigieron sus primeros edificios ceremoniales en San José Mogote alrededor del año 1.300 a. C., que finalmente se convirtió en una ciudad-estado de mil personas que gobernaba más de cuarenta pueblos y ciudades cercanas. Los zapotecas usaban glifos hacia el 650 a. C. y desarrollaron sofisticados jeroglíficos hacia el 500 a. C.

Aunque la cultura maya surgió al menos en el año 1.900 a. C., sus primeros centros ceremoniales conocidos fueron Ceibal en Guatemala y Aguada Félix en Tabasco, México, que se construyeron entre el 1.000 y el 800 a. C. Su primera ciudad-estado fue Kaminaljuyú, en el lado occidental de la actual Ciudad de Guatemala, que se convirtió en una gran ciudad alrededor del año 800 a. C. Los mayas tallaron glifos en estelas de piedra hacia el año 900 a. C. y desarrollaron su escritura logosilábica, que tenía símbolos pictóricos y símbolos fonéticos, hacia el año 300 a. C.

La primera ciudad-estado del Valle de México con una jerarquía social fue Cuicuilco, en la orilla sur del lago de Texcoco. Fue colonizada hacia el año 1.200 a. C. La ciudad de veinte mil habitantes gobernaba varias ciudades grandes en el año 800 a. C. Cuicuilco tenía un acueducto que conducía agua dulce a la ciudad, así como canales de riego y pirámides. La población de la ciudad comenzó a disminuir alrededor del año 100 a. C., probablemente debido a la actividad volcánica y la competencia con la metrópolis de rápido crecimiento de Teotihuacán, que estaba a cuarenta y cinco millas al noreste. A finales del siglo III, una erupción masiva del volcán Xitle sepultó a Cuicuilco bajo una gruesa capa de lava y ceniza.

La cultura mixteca surgió al norte de los zapotecas alrededor del año 1500 a. C. Los mixtecos de las tierras altas Alta construyeron sus primeras ciudades de varios miles de residentes en Etlatongo y Monte Negro en el año 500 a. C. Alrededor del año 300 a. C., construyeron Tilantongo, que más tarde se convirtió en la capital mixteca. Los mixtecos no se convirtieron en una civilización más sofisticada con la escritura hasta la época clásica, cuando se trasladaron al valle de Oaxaca, cerca de los zapotecas.

Teotihuacán se convirtió en un centro urbano en el noreste del Valle de México al menos en el año 200 a. C. Su población finalmente creció a un tamaño masivo, sin embargo, colapsó alrededor del año 650 d. C., dejando pocas pistas sobre quién construyó esta metrópolis y cómo fue gobernada. Los aztecas pensaban que los dioses o tal vez los gigantes habían creado la ciudad. Los totonacas de Puebla y Veracruz afirmaron haber sido los constructores originales que luego emigraron hacia el sur después de la caída de la ciudad. Los totonacas tenían vínculos culturales y comerciales con Teotihuacán, por lo que podrían haber estado entre sus primeros habitantes.

Los arqueólogos Tatsuya Murakami y George Cowgill sugirieron que varias civilizaciones cooperaron en el establecimiento de la ciudad en lo que llamaron *sinoikismo*. El objetivo podría haber sido formar un frente unido contra Cuicuilco, la potencia del Valle de México en ese momento. Los asentamientos dispersos y descentralizados del valle podrían haberse unido con los totonacas, los restos de los olmecas y los zapotecas. [27]

Cowgill, que pasó la mayor parte de su carrera excavando y estudiando Teotihuacán, dijo que en el año 1 a. C., la población de la ciudad alcanzaba los cuarenta mil habitantes. Los teotihuacanos aún no habían construido sus tres grandes pirámides ni sus complejos de apartamentos, pero podría haber sido la ciudad más grande de México al comienzo de la Era Común, ciertamente la más grande del Valle de México. Para el año 100 d. C., Teotihuacán había crecido a ochenta mil personas, y la construcción inicial de la Pirámide de la Luna se completó, aunque se ampliaría varias veces.

Una ráfaga de enérgicos proyectos de construcción transformó Teotihuacán en la era del Formativo Terminal, tal vez bajo el liderazgo de un poderoso dictador o una serie de monarcas ambiciosos. Del 150 al 200 d. C., los teotihuacanos construyeron el ornamentado Templo de la Serpiente Emplumada y el patio de la Ciudadela de treinta y ocho acres que lo rodea. Una hilera de cabezas de serpiente emplumadas se proyectaba desde cada capa de la pirámide, alternando con una criatura con colmillos y ojos saltones, tal vez una deidad cocodrilo o el dios de la lluvia. La construcción de la Pirámide del Sol, que se elevaba sobre la ciudad como la pirámide más alta de México en ese momento, podría haber comenzado alrededor del año 200 d. C.

---

[27] Matthew Robb, ed, *Teotihuacán: Ciudad del Agua, Ciudad del Fuego* (Berkeley: University of California Press, 2017), 21.

Vista de Teotihuacán desde la Pirámide de la Luna, con pequeños templos en primer plano, la Avenida de los Muertos y la Pirámide del Sol al fondo
Johannes Kruse, CC BY 2.0 <https://creativecommons.org/licenses/by/2.0>, vía Wikimedia Commons; https://commons.wikimedia.org/wiki/File:Teotihuacan_(recortado).jpg

La mayor parte de la población del Valle de México emigró a Teotihuacán después del año 100 d. C. Para el año 200 d. C., la población de Teotihuacán alcanzó su apogeo de 125.000 a 200.000 personas. La región circundante, que se extendía a veinte millas de la ciudad, triplicó su población. Los migrantes también llegaron de fuera del Valle de México, ya que los mayas, los mixtecos y más zapotecas se sintieron atraídos por el floreciente centro económico. Las diversas etnias formaron barrios, que albergaron talleres que producían sus especialidades en cerámica, artesanía de obsidiana, joyería, indumentaria y más.[28]

Las muchas civilizaciones distintas de la época preclásica compartían varias ideologías religiosas. Todas las culturas mesoamericanas primarias de la era Formativa adoraban al jaguar, el felino más grande de América. Como criatura de la noche, el jaguar era el dios del inframundo, pero también el dios del agua y la fertilidad. Los teotihuacanos mantenían jaguares cautivos, los cuales sacrificaban en la dedicación de sus pirámides. Los olmecas tenían tallas de hombres jaguar, criaturas con cabezas hendidas y bocas con muecas, a menudo con características parciales de niños humanos. Los mayas creían que el dios jaguar protegía a las personas.

---

[28] Cowgill, "Estado y sociedad", 129.

La mayoría de las civilizaciones del centro y sur de México adoraban al sol, la luna y una serpiente emplumada, a la que los mayas de Yucatán llamaban Kukulkán. Las culturas preclásicas de Cuicuilco, Maya y Teotihuacán adoraban a una deidad anciana, que a menudo se representa sentado con las piernas cruzadas y balanceando un brasero sobre su cabeza. Se cree que era un dios del fuego. El dios de la tormenta, la lluvia y la guerra, que los aztecas llamaron más tarde Tláloc, impregnó las culturas del Preclásico. Era el dios benévolo de la lluvia y la fertilidad, pero el dios destructor de los huracanes, los relámpagos y el granizo. También exigió sacrificios de niños. La mayoría de los antiguos mesoamericanos practicaban sacrificios animales y humanos.

Aunque las creencias religiosas en las diversas culturas del México antiguo evolucionaron con el paso de los siglos, compartían una cosmovisión común y muchas deidades similares. El sistema de creencias mesoamericano central de la era Preclásica continuó a través de los períodos Clásico y Posclásico hasta la llegada de los españoles. Muchas ciudades mexicanas de la antigüedad estaban alineadas con el lugar por donde salía el sol en días específicos del calendario ritual compartido. Las pirámides y otros templos en el centro de las ciudades eran centros de culto donde sacerdotes y reyes ofrecían sacrificios. Los antiguos creían que las deidades influían en todos los aspectos de sus vidas. Por lo tanto, mantener felices a los dioses era una fuerza impulsora en sus tradiciones cotidianas y festivales mensuales.

Puntos clave:
- Primeras civilizaciones
    - Cueva de Guilá Naquitz: primeros cultivos domesticados en México, alrededor del 6.000 a. C.
    - Puerto Marqués y La Zanja: primeras cerámicas en México, alrededor del 2.400 a. C., tal vez más tarde
    - Paso de la Amada: el primer juego de pelota de Mesoamérica, alrededor del 1.650 a. C.
    - Chiapa de Corzo: primera fecha escrita (36 a. C.), primera tumba piramidal (700 a. C.)
    - Cultura Tlatilco: primer cacicazgo del Valle de México; Conocido por las figurillas de cerámica

- Zapotecas
  - Estableció San José Mogote en el año 1300 a. C., creció a mil personas y gobernó cuarenta pueblos
  - Uso de glifos hacia el 650 a. C. y jeroglíficos logosilábicos hacia el 500 a. C.
- Maya
  - Primer centro ceremonial en México, Aguada Félix en Tabasco, 1000-800 a. C.
  - Se utilizaron por primera vez glifos simples hacia el año 900 a. C., jeroglíficos sofisticados hacia el 300 a. C.
- Cuicuilco, la primera ciudad-estado con jerarquía social en el Valle de México: 1200 a. C.
  - Población de veinte mil habitantes hacia el 800 a. C. con acueducto, irrigación y pirámides
  - Cubierto por el flujo de lava del volcán Xitle en el siglo III d. C.
- Teotihuacán, establecida entre los años 400 y 200 a. C.
  - Ciudad multiétnica probablemente desde el principio
  - Población de cuarenta mil habitantes en el año 1 a. C., probablemente la ciudad más grande de México en ese momento
  - 100 d. C.: población de ochenta mil habitantes; Pirámide de la Luna construida
  - La pirámide de la serpiente emplumada fue construida entre los años 150 y 200 a. C
  - 200 a. C.: población de al menos 125.000 habitantes; Pirámide del Sol posiblemente iniciada
- Ideologías religiosas comunes del México Preclásico
  - Deidad jaguar
  - Sol, luna, serpiente emplumada, anciano/dios del fuego, dios de la lluvia

Capítulo 8: México en el Período Clásico (250-900 d. C.)

La megaciudad teotihuacana dominó el Valle de México en la época clásica, mientras que Monte Albán gobernó el valle de Oaxaca y Cholula la región de Puebla. Varias ciudades-estado mayas en la frontera sur de Yucatán y México estaban en su cenit, como Palenque en Chiapas, Edzna en Campeche y el cercano "Reino de la Serpiente" de Calakmul. El colapso de Teotihuacán, Cholula y Monte Albán en el Epiclásico dejó un vacío de poder para que otras ciudades lo llenaran, como Xochicalco en Morelos, Cacaxtla en Tlaxcala y El Tajín en Veracruz.

Al inicio del período Clásico, Teotihuacán se convirtió en la ciudad más grande del hemisferio occidental, con la sexta población más alta del mundo. A través de un próspero comercio de costa a costa y, a veces, de conquistas, fue la potencia de Mesoamérica desde el año 300 hasta el 600 d. C. Majestuosas pirámides, palacios y templos con espectaculares murales y esculturas se alineaban en su magnífica Avenida de los Muertos, que discurría en un eje norte-sur a través del núcleo de la megaciudad. Teotihuacán era un centro comercial, con más de seiscientos talleres que producían cerámica, joyería, armamento y ropa muy apreciados.

Teotihuacán lanzó un increíble proyecto de construcción a principios de la era clásica, erigiendo alrededor de 2.300 complejos de apartamentos de un piso para su enorme población. Cada recinto amurallado albergaba hasta cien personas, con un gran patio en su entrada con un pequeño templo para el culto y brillantes murales en las paredes. Las personas que vivían dentro de cada recinto solían ser parientes o compartían la misma etnia. Los recintos eran como una serie de aldeas cerradas dentro de la metrópolis, proporcionando un lugar seguro para que los niños jugaran y un sentido de pertenencia.

Teotihuacán tenía barrios distintos para sus diversas etnias. Por ejemplo, los mayas vivían en el centro de la ciudad, justo al oeste de la Avenida de los Muertos. La gente de la costa del Golfo vivía en el barrio de Teopancazco, al suroeste del centro urbano, y una gran población zapoteca vivía en el extremo occidental. Cada uno de estos barrios contaba con talleres de producción de especialidades regionales. Los zapotecas crearon cerámica de cerámica gris, mientras que la población de la costa del Golfo cosía ropa de algodón decorada con plumas brillantes y conchas para la élite. Otros barrios producían cuchillos y puntas de lanza de vidrio de obsidiana volcánica afilado, joyas exquisitas y diversos productos, que se comercializaban en todo el centro y sur de México, Guatemala, Belice y Honduras.

El dios anciano se sienta en un santuario con murales pintados de colores brillantes
Gary Todd, CC0, vía Wikimedia Commons;
https://commons.wikimedia.org/wiki/File:Teotihuacan_Mural_%26_Stone_Brazier.jpg

Entre los años 250 y 400 d. C., los teotihuacanos ampliaron tres veces la pirámide lunar en el extremo norte de la Avenida de los Muertos. Los antropólogos Rubén Cabrera y Saburo Sugiyama descubrieron una bóveda en el núcleo de la pirámide en 2004, donde encontraron cincuenta animales sacrificados, entre ellos águilas, jaguares, pumas, lobos y serpientes de cascabel. También descubrieron los esqueletos de doce humanos, diez de los cuales fueron decapitados. Habían sido sacrificados en la dedicación del tercer nivel de la pirámide. Más renovaciones de la Pirámide de la Luna continuaron aproximadamente cada cincuenta años hasta el año 400 d. C., cuando alcanzó su altura final de 140 pies.

La Pirámide de la Luna se encontraba en el extremo norte de la Avenida de los Muertos, el bulevar central de la ciudad, y la Pirámide de la Serpiente Emplumada se encontraba en el extremo sur. La Pirámide del Sol de 216 pies, construida alrededor del año 250 d. C., se elevaba en el centro y era visible desde todos los puntos de la metrópolis. Los aztecas lo llamaron mal; La pirámide probablemente no estaba dedicada al sol, sino más bien al dios de la lluvia de ojos saltones a quien se sacrificaban niños. Los arqueólogos encontraron los restos de bebés y niños pequeños sacrificados con imágenes del dios de la lluvia en una bóveda debajo de la pirámide. Encontraron más esqueletos de niños en las cuatro esquinas de cada una de las capas de la pirámide.[29]

Teotihuacán tenía relaciones comerciales y diplomáticas amistosas con la ciudad zapoteca de Monte Albán, que estaba a trescientas millas al sureste. Cientos de zapotecas vivían en el barrio oaxaqueño de Teotihuacán, y algunos teotihuacanos vivían en Monte Albán. Las inscripciones de estelas de piedra en Monte Albán documentan las visitas diplomáticas de Teotihuacán. Ambas ciudades alcanzaron su apogeo y luego colapsaron casi al mismo tiempo.

Hacia el año 500 d. C., la población de Teotihuacán disminuyó y la ciudad finalmente colapsó alrededor del año 650. Las causas de la caída de la ciudad no están claras; Sin embargo, siglos antes, disturbios civiles de origen desconocido sacudieron la megaciudad. Alrededor del año 350 d. C., algunos artesanos abandonaron abruptamente sus talleres, dejando atrás sus herramientas. Casi al mismo tiempo, el barrio de Teopancazco experimentó sacrificios humanos masivos o luchas violentas. Un tercio de los hombres enterrados habían sido decapitados.

La antropóloga Linda Manzanilla pasó ocho años desenterrando el barrio de Teopancazco y cree que la tensión y la competencia entre las múltiples etnias de la ciudad provocaron disturbios. Cree que los

---

[29] Nawa Sugiyama, et al., "Dentro de la Pirámide del Sol en Teotihuacán, México: Excavaciones 2008-2011 y resultados preliminares", *Antigüedad Latinoamericana* 24, núm. 4 (2013): 403-16. http://www.jstor.org/stable/23645621.

artesanos del taller chocaron con los empresarios adinerados que eran el enlace entre el gobierno y los trabajadores. Entre los años 550 y 650 estalló, otro motín. Multitudes ingobernables quemaron y destrozaron los palacios, templos y centros administrativos a lo largo de la Avenida de los Muertos, pero dejaron ilesos los viviendas.[30]

Otra causa probable de las tensiones en la ciudad fue la sequía causada por el enfriamiento global, que provocó escasez de alimentos. El cambio climático global entró en una fase aguda en el hemisferio norte en el año 536 d. C., y las temperaturas se mantuvieron anormalmente bajas durante aproximadamente un siglo. Las temperaturas más frías significaron menos lluvia, y los manantiales de los que dependía Teotihuacán para el riego se secaron, creando una crisis agrícola y escasez de alimentos. En este período, la alta tasa de mortinatos y de mortalidad infantil en Teotihuacán puso de relieve las condiciones cercanas a la hambruna. El análisis de los entierros en un barrio mostró que casi un tercio eran bebés nacidos muertos o recién nacidos. Menos del 40 por ciento de los niños llegaron a la adolescencia, y la mayoría de los adultos murieron a mediados de los cuarenta.

La pirámide más grande del mundo por volumen, más grande que cualquier cosa en Egipto, se encuentra en Cholula, treinta millas al sureste del estruendoso volcán El Popocatépetl de 3,37 millas de altura. Hoy en día, la pirámide de Tlachihualtepetl está cubierta de vegetación, luciendo como una pequeña montaña con una iglesia de múltiples cúpulas de la época colonial encaramada en la cima. Pero en un momento, era una enorme estructura de ladrillo de adobe que medía 984 pies de ancho por 1.033 pies de largo en su base.

A las afueras de la actual ciudad de Puebla, Cholula se estableció alrededor del año 200 a. C. o antes, casi al mismo tiempo que Teotihuacán, setenta millas al norte. Los habitantes originales de Cholula probablemente estaban relacionados con los zapotecas y mixtecos, pero el remanente de los olmecas tuvo una influencia considerable. Las lluvias regulares de verano y la escorrentía de las montañas nevadas significaban que los habitantes de Cholula disfrutaban de una agricultura floreciente. Su suelo aluvial tenía un alto contenido de arcilla, y la región se hizo famosa por su cerámica.

---

[30] Linda R. Manzanilla, "Cooperación y tensiones en sociedades corporativas multiétnicas utilizando Teotihuacán, centro de México, como estudio de caso", *Actas de la Academia Nacional de Ciencias*, 112, no. 30 (marzo 2015): 9214-15. https://doi.org/10.1073/pnas.1419881112

Cholula era un centro comercial entre el Valle de México y la península de Yucatán. Al final de la era Formativa, la ciudad aumentó en población mientras que las áreas circundantes se vaciaron, de manera similar a cómo Teotihuacán atrajo simultáneamente a una población migrante. Este período fue cuando el pueblo de Cholula comenzó la primera fase de su gran pirámide y continuó ampliándola en cuatro etapas principales durante los siguientes seis siglos.

Cholula entró en la era clásica como la fuerza dominante en la región de Puebla, construyendo la segunda estructura piramidal, llamada la Pirámide de las Calaveras Pintadas, entre los años 250 y 300 d. C. Tenía la arquitectura talud-tablero asociada a Teotihuacán, lo que indica una fuerte influencia de la megaciudad. Esta capa piramidal de talud-tablero presentaba murales de cráneos rojos y amarillos con cuerpos parecidos a insectos. La primera y la segunda pirámide, que eran adyacentes entre sí, fueron finalmente abarcadas por capas piramidales mucho más grandes que las cubrían a ambas.

Conectado a la pirámide hay un mausoleo con los restos de un hombre y una mujer enterrados con lujosas ofrendas funerarias y la quijada de un perro xoloitzcuintle (mexicano sin pelo). Veinticuatro túneles, con un total de cinco millas, serpentean a través y debajo de la pirámide, donde los arqueólogos encontraron una escultura del dios de la lluvia con ojos saltones y colmillos llamado Tláloc por los aztecas. Los sacrificios de niños indican que el dios de la lluvia era adorado en la pirámide, aunque también se asocia con la deidad de la serpiente emplumada. En la época del Posclásico, algunos toltecas emigraron aquí cuando Tula cayó y enterraron a su realeza en la pirámide.

Los mayas de México alcanzaron el pináculo de su civilización a principios del período Clásico y luego experimentaron un paréntesis seguido de otra ola de crecimiento en la población y la cultura. A finales de la década de 200, los mayas utilizaron ampliamente su escritura logosilábica e incluyeron fechas en sus inscripciones en pilares y losas de piedra (estelas). Las características arquitectónicas abovedadas o arqueadas son un sello distintivo de la arquitectura maya en la época clásica.

La torre del palacio de Palenque con un arco de ménsula en la parte inferior izquierda
Bernard DUPONT, CC BY-SA 2.0 <https://creativecommons.org/licenses/by-sa/2.0>, vía Wikimedia Commons; https://commons.wikimedia.org/wiki/File:The_Observation_Tower_-_Palenque_Maya_Site,_Feb_2020.jpg

Un ejemplo impresionante de esta característica arquitectónica son los arcos de ménsula en forma de A en Lakamha (llamado Palenque por los españoles) en Chiapas. Bajo el reinado de K'inich Janaab' Pakal, que se convirtió en rey a los doce años en el año 615 d. C. y gobernó hasta su muerte a los ochenta, la ciudad alcanzó una prosperidad asombrosa. A pesar de la guerra en curso con Calakmul, inició un ambicioso proyecto de construcción de templos y palacios. Uno de los palacios tenía una torre de cuatro pisos y arcos de ménsulas, que eran características arquitectónicas novedosas en México.

El gran rival de Palenque, Calakmul, estaba a unas doscientas millas al noreste, en las selvas tropicales de la base de la península de Yucatán. Los reyes de ambas ciudades-estado reclamaban ascendencia divina y llamaban a la nobleza de los pueblos y ciudades sobre los que gobernaban para que proporcionaran guerreros para sus enfrentamientos militares. La dinastía del Reino de la Serpiente de Calakmul persistió durante mil años, y algunas de las tumbas reales mayas más ricas se encuentran en esta resplandeciente ciudad.

En el año 562 d. C., Calakmul conquistó la poderosa ciudad maya de Tikal en Guatemala, que los teotihuacanos habían invadido previamente en el año 378 d. C. y gobernaron durante varias generaciones. Calakmul ascendió como la superpotencia maya bajo el liderazgo del Rey Testigo del Cielo (r. 561-572). En 599, su hijo, Serpiente Pergamino, atacó Palenque, lo que provocó una guerra entre el Reino de la Serpiente de Calakmul y la dinastía de los Huesos de Palenque, con Palenque perdiendo la mayoría de las batallas. En un siglo, el miniimperio de Calakmul se extendió al sureste de Belice, con una riqueza inimaginable que fluía hacia la ciudad desde sus lucrativas rutas comerciales. Impresionantes murales cubrían la pirámide de Chiik Nahb representando los intercambios comerciales y el consumo de artículos de lujo.

Un mural de la pirámide Chiik Nahb de Calakmul
Elelicht, CC BY-SA 3.0 <https://creativecommons.org/licenses/by-sa/3.0>, vía Wikimedia Commons; https://commons.wikimedia.org/wiki/File:Calakmul_Fresken.JPG

La megaciudad de Teotihuacán, en el Valle de México, colapsó en la era Epiclásica (600-900 d. C.), dejando un vacío de poder que permitió a otras ciudades ascender en el poder. Cacaxtla en Tlaxcala y Xochicalco en Morelos aparentemente se aliaron en este periodo para arrebatar las rutas comerciales que alguna vez controló Teotihuacán. Los Olmeca-Xicalanca fundaron ambas ciudades. Eran un pueblo con fuerte influencia maya que originalmente vivió en las áreas de la costa olmeca del Golfo y finalmente emigró hacia el norte.

Brillantemente pintados en escarlata, azul, verde y dorado, los murales bien conservados de Cacaxtla representan escenas de batalla entre los mayas y los pueblos de las tierras altas. Los mayas de la costa del Golfo se muestran con frentes planas de modificación craneal y tocados de plumas, y luchan contra guerreros que usan pieles de jaguar y tapones nasales largos. Una figura que representa al Señor Águila tiene una cara azul, cubierta en su mayor parte por una máscara de pájaro, y cabalga en una balsa de serpiente emplumada mientras un pájaro quetzal vuela hacia arriba.[31]

El Señor Águila monta la Serpiente Emplumada en este mural de Cacaxtla
HJPD, CC BY-SA 3.0 <https://creativecommons.org/licenses/by-sa/3.0>, vía Wikimedia Commons; https://commons.wikimedia.org/wiki/File:Cacaxtla2.jpg

---

[31] Donald McVicker, "Los mexicanos 'mayanizados'". *Antigüedad Americana* 50, no. 1 (1985): 82-101. https://doi.org/10.2307/280635.

Nuevas regiones se alzaron con el dominio en el Epiclásico o Clásico Terminal a medida que los zapotecas, teotihuacanos y algunas ciudades mayas se desvanecían. El vibrante arte y la arquitectura de este período reflejan una mezcla cultural ecléctica a gran escala. Surgieron nuevos centros de población, cambiaron las rutas comerciales y la innovación surgió en esta época de migración y cambios en los panoramas políticos.

Puntos clave:

- Teotihuacán: el centro neurálgico de Mesoamérica en el periodo Clásico
    - La ciudad más grande de América, la sexta más grande del mundo
    - 2.300 complejos de apartamentos de una sola planta y más de 600 talleres
    - La pirámide lunar se amplió varias veces con sacrificios humanos y animales
    - Pirámide del Sol de 216 pies dedicada al dios de la lluvia
    - Enfriamiento global, reducción de las precipitaciones, escasez de alimentos, disturbios y colapso hacia el año 650 d. C.
- Cholula: pirámide más grande del mundo; estrecha conexión con Teotihuacán
- Maya de la era clásica: pináculo en la era clásica con un hiato en el medio
    - Palenque en Chiapas: arcos de ménsulas, torre alta, rival de Calakmul
    - Calakmul en Campeche: conquistó Tikal en Guatemala y se extendió a Belice
- Xochicalco y Cacaxtla
    - Llegó al poder mientras Teotihuacán colapsaba
    - Poblado por los Olmeca-Xicalanca

Capítulo 9: México del Posclásico (900-1521 d. C.)

El caos, la guerra y el declive de muchas ciudades-estado prominentes empañaron el México del Posclásico. Y, sin embargo, fue una época de avances tecnológicos dinámicos en ingeniería, arquitectura y armamento. La población creció exponencialmente y, en muchos sentidos, la vida era mejor que nunca en el México antiguo. Pero al final de la era, México estaba fracturado, sufriendo de señores opresivos y sacrificios humanos desenfrenados. Las ciudades-estado no estaban preparadas para unirse contra los invasores españoles.

A medida que los mayas de la península de Yucatán ascendían en poder durante la era del Posclásico, tuvieron que encontrar agua dulce confiable para sus ciudades en crecimiento. La mitad norte de la península no tiene ríos sobre el suelo, y el contenido salino de los lagos hace que el agua no sea apta para beber o regar los cultivos. Yucatán tiene un acuífero subterráneo de agua dulce al que se puede acceder por numerosos sumideros en toda la región. Estos sumideros se llaman cenotes. Algunos de estos cenotes forman un gran semicírculo como parte del cráter Chicxulub creado por un asteroide prehistórico; el resto del cráter está en el Golfo de México.

Chichén Itzá irrumpió en el poder en la época del Posclásico, gobernando la mayor parte de la península de Yucatán. Tenía cuatro cenotes con abundante agua dulce. Uno de los sumideros, el Cenote Sagrado, tenía paredes empinadas de piedra caliza, lo que dificultaba salir si una persona era arrojada al agua. Este cenote era un lugar de sacrificio donde hombres y niños eran alimentados por el dios de la lluvia Chaac. En los últimos años, los buzos han encontrado un tesoro de objetos de oro y jade en el fondo del sumidero, así como esqueletos humanos.

Varias migraciones de toltecas de Tula entre los años 900 y 1200 d. C. se reflejan en la arquitectura de Chichén Itzá, particularmente en su pirámide de El Castillo. Estaba dedicado a Kukulkán, el nombre maya de la deidad serpiente emplumada a la que los aztecas llamaban Quetzalcóatl. Los arqueólogos encontraron recientemente un quinto cenote debajo de esta pirámide. Estaba lleno de objetos de sacrificio, incluidos restos humanos. La pirámide está alineada con el sol, por lo que el sol poniente en los equinoccios de primavera y otoño proyecta una sombra que conduce a una escultura de la cabeza de la serpiente emplumada en la parte inferior. Parece como si la sombra de la serpiente se deslizara por la pirámide en esas dos tardes del año.

Templo de Kukulkán (El Castillo) en Chichén Itzá
Carlos Delgado, CC BY-SA 3.0 <https://creativecommons.org/licenses/by-sa/3.0>, vía Wikimedia Commons; https://commons.wikimedia.org/wiki/File:Chich%C3%A9n_Itz%C3%A1_-_17.jpg

Las ciudades mayas de Yucatán que no tenían la ventaja de los cenotes conectados al acuífero subterráneo tuvieron que encontrar otras formas de controlar y contener el agua. Excavaron enormes cisternas subterráneas en la roca subyacente, que cubrieron con estuco para evitar que el agua se filtrara en la piedra caliza porosa. Organizaron sus ciudades de manera que el agua fluyera desde las zonas más altas hacia la cisterna durante los seis meses de fuertes lluvias, manteniendo un suministro de agua adecuado para los seis meses secos.

Pero una vez que tuvieron un suministro constante de agua, los mayas de Yucatán tuvieron un nuevo problema. Les gustaba pintar sus edificios con pintura roja, pero la lluvia lavaba gradualmente la pintura de los edificios y la llevaba a las cisternas. El mercurio en la pintura causó graves problemas de salud, daño cerebral y, a veces, la muerte. Los mayas de Yucatán hicieron un gran avance en la ingeniería cuando descubrieron que la zeolita mineral cargada negativamente era como un imán para el mercurio cargado positivamente. Podría extraer mercurio del cuerpo y del agua. Entonces, construyeron un sistema de filtración de agua con grava de zeolita y arena de cuarzo envuelta en esteras de junco a través de las cuales fluía el agua a medida que entraba en la cisterna. No habrían sabido de la existencia de los minerales cargados negativamente y positivamente, pero descubrieron que la zeolita purificaba el agua y la usaba como filtro.

La ciudad isleña de Xaltocan, en el centro del lago Xaltocán en el Valle de México, que se estableció alrededor del año 800 d. C., creció en poder como capital del pueblo otomí desde 1.200 hasta 1.395 d. C. Algunos de los sobrevivientes toltecas de Tollan huyeron a Xaltocan. Junto con el pueblo otomí, pusieron en marcha un proyecto de ingeniería energética para dragar los sedimentos del lecho del lago para ampliar su isla y construir los jardines flotantes de chinampas. Siglos más tarde, los mexicas-aztecas adoptaron este sistema para su capital insular de Tenochtitlan. El Códice Chimalpopoca habla de un violento conflicto entre Xaltocan y la ciudad-estado tepanec-azteca de Cuautitlán, que el pueblo de Xaltocan finalmente perdió en 1395. Se vieron obligados a abandonar su isla.

En este punto, la metalurgia se estaba desarrollando en México, lo que no fue el cambio de juego para el armamento mesoamericano que uno esperaría. La metalurgia con cobre, plata y oro llegó al oeste de México desde América del Sur entre los años 600 y 800 d. C., especialmente entre los mixtecos. A medida que los orfebres mixtecos y otros desarrollaron tecnologías y aleaciones innovadoras, lograron una mayor resistencia en los metales. En el año 900 d. C., mezclaban cobre y estaño para hacer bronce.

Su interés inicial era la belleza y los colores de varios metales en las obras de arte, pero pronto se hizo evidente el uso práctico del metal en implementos cotidianos como hachas, anzuelos y agujas. Curiosamente, la mayoría de las antiguas civilizaciones mexicanas retrasaron la aplicación de metales a las armas. Las dos excepciones fueron los mayas, que usaban cuchillos de cobre y cabezas de hacha a finales del Clásico, y los purépechas (llamados tarascos por los españoles) de la costa del Pacífico, que usaban escudos y puntas de lanza de cobre.

La mayoría de los mesoamericanos usaban piedra, jade, pedernal y obsidiana para cuchillos, puntas de flecha y puntas de lanza hasta la llegada de los españoles. El vidrio de obsidiana era más afilado que las hojas de afeitar y altamente letal, aunque fácilmente rompible. Las espadas no metálicas eran lo suficientemente mortales cuando se enfrentaban a las armaduras acolchadas y los escudos de mimbre de los pueblos indígenas de México, pero no eran mortales contra las armaduras de acero de los españoles.

Un arma muy conocida del Posclásico utilizada por los aztecas era el macuahuitl, un garrote de madera de tres pies con hileras de hojas de obsidiana incrustadas. Los aztecas tienen la mayor notoriedad por el uso de esta arma, pero los mixtecos, mayas y toltecas blandían el macuahuitl antes de que los aztecas llegaran al Valle de México. Las afiladas hojas de obsidiana podían cortar la cabeza de un hombre o destripar a un caballo, una estrategia que los aztecas aprendieron más tarde cuando luchaban contra la caballería española.

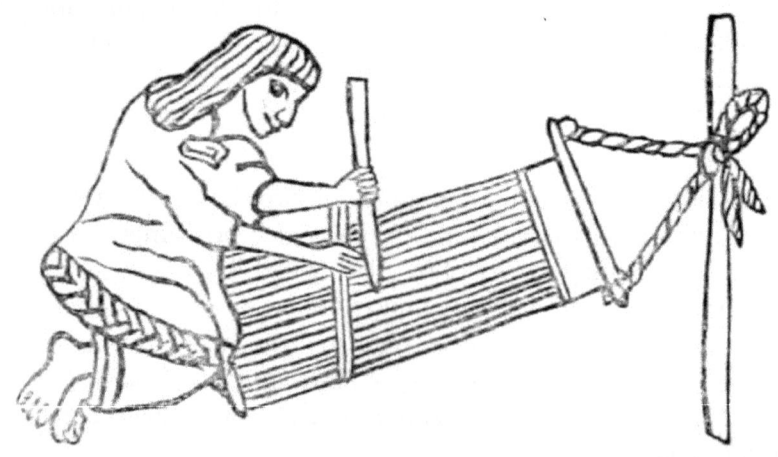

Dibujo de una mujer tejedora del Códice Mendoza (circa 1541)
https://commons.wikimedia.org/wiki/File:A_glimpse_of_Guatemala_-_A_Woman_Weaving.png

La tela de algodón puede no parecer notable, pero jugó un papel vital en la economía del México antiguo. La tecnología de hilado y tejido de algodón despegó en la época del Posclásico mexicano. Los antiguos indígenas comenzaron a hilar el algodón en hilo con simples espirales de huso: discos con un agujero en el medio. Un tejedor insertaba una delgada varilla de madera llamada huso en el agujero y luego sacaba un poco de fibra de un fajo de algodón y lo unía al huso. Aferrándose a la fibra, el tejedor hilaba el verticilo, que retorcía el algodón en hilo que luego se tejía en tela en un telar de cintura.

La región de Morelos, en la zona de Puebla, era muy conocida por el cultivo y el hilado de algodón. Varios dispositivos nuevos e importantes hicieron que el hilado del algodón fuera más fácil y rápido, lo que aumentó los niveles de producción. Las excavaciones en Xochicalco, en Morelos, muestran que los tejedores del Epiclásico utilizaron un verticilo de huso más sofisticado a partir de alrededor del año 1,100 d. C. Los verticilos de huso que se encuentran en Tula son similares a los que los indígenas huastecos de la costa del Golfo todavía usan hoy en día. Alrededor del año 1.200 d. C., los tejedores comenzaron a usar un pequeño cuenco de cerámica en el que insertaban el huso, aumentando la velocidad de hilado.[32]

En la época clásica, los tejedores solo necesitaban producir suficiente tela para sus familias y venderla para obtener ganancias. Sin embargo, una vez que los aztecas llegaron al poder y su imperio se tragó Morelos, exigieron una gran cantidad de telas tejidas de algodón como pago de tributos. Las mujeres pasaban la mayor parte de sus días tejiendo para cumplir con la cuota, por lo que la tecnología avanzada que podía acelerar el tiempo requerido para hilar algodón aliviaba su carga.

Las ruinas de la antigua ciudad de El Tajín permanecieron escondidas en la selva tropical de Veracruz durante cinco siglos antes de ser redescubiertas en 1785. Mientras otros centros urbanos colapsaban, El Tajín alcanzó su apogeo a principios del período Posclásico, cubriendo cuatro millas cuadradas con una población de unos veinte mil habitantes. La ciudad introdujo una arquitectura novedosa en Mesoamérica, como decoraciones con patrones clave, columnas con relieves intrincados, ventanas en las casas y un techo de cemento vertido de casi un metro de

---

[32] Michael E. Smith y Kenneth G. Hirth, "El desarrollo de la tecnología prehispánica de hilado de algodón en el occidente de Morelos, México", *Revista de Arqueología de Campo* 15 (1988): 349-355.

espesor.

La espectacular Pirámide de los Nichos de El Tajín introdujo dos características arquitectónicas: nichos en forma de ventana que recubren cada uno de sus siete pisos coronados por salientes triangulares de cornisa voladora. Originalmente pintados de carmesí con nichos negros, los 365 nichos representaban los días del año solar. El pueblo totonaca, que afirma haber construido Teotihuacán, vive actualmente en la región de El Tajín y podría haber construido la ciudad. Sin embargo, algunos estudiosos creen que los huastecos podrían haber sido los fundadores de la ciudad. Mientras que la mayoría de las ciudades mesoamericanas tenían juegos de pelota, El Tajín tenía diecisiete, más que cualquier otra.

Pirámide de los Nichos de El Tajín

Irvin ulises, CC BY-SA 3.0 <https://creativecommons.org/licenses/by-sa/3.0>, vía Wikimedia Commons https://commons.wikimedia.org/wiki/File:Piramide_de_los_nichos.jpg

Las características distintivas del México del Posclásico fueron las migraciones y el crecimiento de la población, sobre todo en el Valle de México, donde la población creció a un estimado de un millón. Oleadas de chichimecas emigraron de los desiertos del noroeste, mientras que las poblaciones de las ciudades colapsadas se trasladaron a los centros urbanos aún prósperos, formando etnias mixtas. Los mayas abandonaron muchas de sus majestuosas ciudades en el sur de México y América

Central, en parte debido a una sequía entre los años 800 y 900 d. C., que trasladó su poder a Yucatán.

La era del Posclásico también parece haber sido una época de experimentación política. En la era Clásica, los mayas de Yucatán tenían un gobierno teocrático de sacerdote-rey, pero en el período Posclásico, podrían haber surgido modelos de gobierno dual o gobierno de un consejo (oligarquía). Algunos arqueólogos creen que Chichén Itzá tenía un consejo *multepal* de gobernantes de élite; Sin embargo, esta teoría carece de pruebas firmes. Los mayas del Posclásico dejaron de registrar detalles sobre sus reyes en estelas de piedra, lo que sugiere que no tenían monarcas únicos, sino un liderazgo descentralizado.

Como señalaron los antropólogos Jeremy Sabloff y William Rathje, sin una élite dinástica dominante, ya no se gastaba energía en la construcción de imponentes monumentos para glorificar a sus reyes. Creen que el crecimiento del comercio y la productividad condujo a la riqueza colectiva y a un nivel de vida más alto para todos en una economía próspera. Su investigación de campo de Cozumel, una isla frente a la costa de Yucatán, proporcionó información valiosa sobre los mayas del Posclásico. Fue un importante centro comercial y alcanzó su máximo crecimiento en la era del Posclásico a través de la influencia de los comerciantes que aumentaron su poder e influencia.[33]

Los mayas del Yucatán del Posclásico llevaban a cabo el comercio a larga distancia a través de grandes canoas a lo largo de la costa del Golfo. Cristóbal Colón informó haber visto una canoa de este tipo frente a la costa de Honduras en 1502. Los mayas producían una gran cantidad de sal en Yucatán, que tenía una gran demanda en lugares tan lejanos como la capital azteca de Tenochtitlan, en el Valle de México. Los granos de cacao para hacer chocolate eran otro artículo comercial codiciado.

Este floreciente comercio se extendía desde el Valle de México por las costas del Golfo y el Pacífico hasta América Central, creando una interconexión entre las diversas culturas. Sabloff y Rathje creen que esta fue la diversificación comercial de mayor volumen y más extraordinaria que se haya visto en Mesoamérica hasta ese momento. El comercio masivo de artículos de lujo en todo México ya no era para la élite. La clase trabajadora ahora tenía acceso al chocolate, la obsidiana y los productos

---

[33] Jeremy A. Sabloff, "Depende de cómo miremos las cosas: Nuevas perspectivas sobre el Posclásico Periodo en las Tierras Bajas Mayas del Norte", *Actas de la Sociedad Filosófica Americana* 151, no. 1 (2007): 11-20. http://www.jstor.org/stable/4599041.

finos, lo que condujo a una sociedad más igualitaria.[34]

Puntos clave:
- Avances tecnológicos
  - Alinear la pirámide con el sol para proyectar una sombra de "serpiente que se desliza"
  - Cisternas subterráneas con sistemas de depuración de agua
  - Desarrollo de la metalurgia
  - Mazo de guerra mortal de macuahuitl
  - Sofisticado huso y cuenco de algodón
  - Arquitectura novedosa de El Tajín: nichos, cornisas voladas, techo de cemento vertido
- Posibles nuevos modelos administrativos: doble gobierno y consejos oligárquicos
- El comercio mejoró la vida de los períodos Clásico al Posclásico

---

[34] Sabloff, "Nuevas perspectivas sobre el Posclásico", 20-26.

TERCERA PARTE:
La lucha por el México antiguo

Capítulo 10: Preparándose para la batalla

Durante miles de años, los mesoamericanos lucharon por el poder, el acceso a recursos valiosos y víctimas para sacrificar a sus dioses. A principios del siglo XVI, tendrían que luchar por su supervivencia cuando los españoles pusieron un pie en México, decididos a cosechar el oro y otras riquezas que ofrecía la tierra. Varias batallas trascendentales antes y después de la llegada de los españoles cambiaron el curso de la historia de México. Ciertos rituales giraban en torno a la guerra, y los embajadores, mensajeros y espías contribuían a cómo se desarrollaban las batallas. Las guerras de las Flores, las sociedades militares como los guerreros Águila y Jaguar, y el armamento del México antiguo también jugaron un papel en la guerra.

Dado que todos los hombres aztecas sanos eran guerreros, un ritual especial celebraba el papel futuro de un niño recién nacido. Cuatro días después de su nacimiento, la partera bañó al bebé bajo el sol de la madrugada y el bebé recibió su nombre. La partera colocó una pequeña flecha en la mano derecha del bebé y un escudo en miniatura en la izquierda. Un guerrero de élite tomaba la flecha, el escudo y el cordón umbilical del niño y lo enterraba junto a un guerrero fallecido que era un luchador intrépido.

Los guerreros aztecas podían alcanzar un alto estatus social independientemente de sus antecedentes familiares si eran valientes, hábiles y hábiles para capturar al enemigo vivo. Todos los niños aztecas asistían a escuelas obligatorias donde el entrenamiento militar era primordial. Los guerreros superiores ganaban la admisión a una de las sociedades guerreras y podían ascender de rango y honor. El factor crítico era capturar con éxito a los soldados enemigos para los esclavos y los sacrificios humanos.

Cuando un soldado capturaba a su primer combatiente enemigo, se convertía en parte de la sociedad guerrera Tlamani. Recibió un escudo, un garrote de guerra de macuahuitl, dos capas y un taparrabos rojo para marcar su nuevo estatus. Como todos los guerreros de élite, se ató el pelo en un moño con una cinta roja. La captura de dos combatientes enemigos lo llevó al siguiente nivel, la sociedad Cuextecatl. Luego, vestía un traje y un sombrero cónico y llevaba un escudo redondo, todo en escarlata con líneas paralelas negras.

Tres guerreros capturados lo elevaron al estatus de guerrero Papalotl o Mariposa. Aunque parezca extraño equiparar las mariposas con la guerra, la diosa azteca de la guerra era Ītzpāpālōtl, o Mariposa de obsidiana. Los guerreros aztecas creían que, si morían en batalla, se reencarnarían como mariposas o colibríes. Los guerreros mariposa vestían una túnica blanca, llevaban un escudo amarillo y llevaban el honorable estandarte de la mariposa en la espalda.

Un caballero jaguar en el Códice Magliabechiano blande un garrote de macuahuitl
https://commons.wikimedia.org/wiki/File:Jaguar_warrior.jpg

Cuando un guerrero capturaba a cuatro o más soldados enemigos, se convertía en un luchador Cuauhocelotl, uniéndose a las filas de los caballeros Jaguar y Águila. Los caballeros jaguar destacaban con un body de piel de jaguar u ocelote y un "casco" de cabeza de gran felino. Los trajes de plumas vestían a los guerreros águila y llevaban un casco con forma de cabeza de águila. Los caballeros de élite Jaguar y Águila llevaban lanzadores de lanzas atlatl, garrotes de guerra de macuahuitl, lanzas y escudos de colores. Un plebeyo se unía automáticamente a la nobleza y se le otorgaban tierras si alcanzaba este rango. También recibió el derecho de beber el pulque alcohólico, usar joyas llamativas y tener concubinas además de su esposa.

Los rangos militares de primer nivel eran los otomíes y los trasquilados. Estos guerreros eran las fuerzas especiales con mayor entrenamiento. Los guerreros otomíes, llamados así por el feroz grupo étnico otomí, vestían trajes de color verde esmeralda brillante y estandartes de "garra" en la espalda rematados con plumas verdes brillantes. Los Esquilados eran el nivel más alto. Se afeitaban la cabeza, excepto por una larga trenza que colgaba por el lado izquierdo de la cabeza. Llevaban un body amarillo y un collar de conchas blancas. Los Trasquilados llevaban un escudo amarillo y verde y un estandarte a rayas rojas y blancas rematado con plumas verdes.

Los aztecas tenían un sistema de corredores de relevos colocados cada dos millas y media en las principales carreteras del imperio. Los corredores corrían a toda velocidad hacia el siguiente corredor, entregando mensajes entre ciudades o estaciones militares. Los aztecas también usaban dos tipos de espías. Los espías *quimichtin* vestían la ropa y hablaban el idioma de una región objetivo. Antes de invadir, estos espías aztecas analizaban los tipos de defensa, la fuerza militar y otros factores de una región. Los espías *naualoztomeca* eran comerciantes que viajaban al extranjero, vendiendo y comprando bienes mientras recogían información valiosa en los mercados.[35]

Cuando los aztecas atacaban una ciudad, enviaban embajadores que ofrecían una admisión pacífica al Imperio azteca. La ciudad tenía veinte días para decidir. Si seguían vacilando, un segundo séquito de delegados los visitaba, advirtiéndoles de los horrores a los que se enfrentaba la ciudad si se resistían. Si la ciudad no se rendía después de otros veinte

---

[35] Hassig, *Guerra y sociedad*, 51-52, 165.

días, los aztecas se abalanzaban despiadadamente, demoliendo la ciudad y tomando a la gente como esclavos y víctimas de sacrificios.[36]

Los mayas, teotihuacanos, toltecas y aztecas usaban el atlatl lanzador de lanzas o lanzadardos. Los aztecas solo permitían que la realeza y los guerreros de élite usaran esta herramienta que lanzaba *tlacochtli* (pequeñas lanzas o dardos) a gran velocidad hacia el enemigo. Los *tequihua*, los arqueros aztecas, fabricaron arcos simples de cinco pies de largo llamados *tlahhuītōlli* de una pieza de madera de arbustos de mariposas Buddleja, con tendones de animales como cuerda. Otra arma era la honda *tēmātlatl*, que se tejía con fibra de maguey y disparaba piedras o bolas de arcilla al enemigo.

Estos dibujos del Códice Mendoza muestran a guerreros de diversos rangos tomando prisioneros agarrando sus coletas

https://commons.wikimedia.org/wiki/File:Codex_Mendoza_folio_65r-3.jpg

Para protegerse de las rocas, lanzas y flechas voladoras, los mayas, aztecas y otros soldados del antiguo México llevaban escudos de madera o mimbre, que los aztecas llamaban *Chīmalli*. Estaban pintados de colores brillantes con diseños geométricos, con plumas de colores colgando. Los mayas y los aztecas usaban armaduras de algodón acolchadas, de aproximadamente media pulgada de grosor, que se empapaban en salmuera para formar una superficie rígida.

---

[36] Hassig, *Guerra y sociedad*, 160.

Los aztecas creían que cuando sacrificaban humanos, la energía liberada por las víctimas asesinadas alimentaba a los dioses. A cambio, los dioses proporcionaban lluvia, poder, protección y otros beneficios. En las décadas anteriores a la llegada de los españoles, el Imperio azteca se estaba desmoronando en los bordes, con poblaciones descontentas que se levantaban. Cuando se enfrentaban a conflictos, sequías u otros desafíos, los aztecas aumentaban los sacrificios humanos, matando hasta veinte mil personas al año. Algunos estudiosos creen que el número era mucho mayor, tal vez hasta un cuarto de millón, pero esa tasa habría aniquilado rápidamente a la población del antiguo México.

Con más de mil sacrificios al mes, los aztecas necesitaban desesperadamente víctimas. En su mayoría sacrificaban prisioneros de guerra; Sin embargo, una vez que conquistaron las regiones circundantes, ya no tenían miles de prisioneros para alimentar a los dioses. En sus mentes, el fracaso en el sacrificio a los dioses conduciría a desastres apocalípticos como epidemias, huracanes, hambruna e invasión por parte de sus enemigos.

Entonces, idearon la guerra ritual llamada guerras de las Flores, donde el objetivo no era matar o conquistar, sino capturar prisioneros para sacrificarlos. El pueblo tlaxcalteca, que vivía al oeste del corazón azteca, fue a menudo el oponente en las guerras de las Flores, junto con la ciudad de Cholula al sur. En una guerra de las Flores, la batalla terminó cuando ambos bandos capturaron su cuota de víctimas sacrificiales. La necesidad percibida por los aztecas de sacrificios humanos era tan horrible que organizaban estas batallas cada veinte días. Por supuesto, significaba perder a sus propios guerreros a manos del bando contrario.

Ilustración del Códice Durán de una guerra de Flores contra Huexotzinco en Puebla que no terminó bien para los aztecas (en el lado derecho de la pintura)
https://commons.wikimedia.org/wiki/File:La_derrota_en_la_batalla_de_Atlixco_contra_los_Huejot zingas,_en_el_folio_168v.png

Una batalla humorística fue una falsa confrontación para zanjar la cuestión del liderazgo de la Triple Alianza. El acuerdo original de 1.428 era que los reyes de Tenochtitlan, Texcoco y Tlacopan se turnaran para liderar el imperio. Sin embargo, cuando el mexica-azteca Moctezuma I se convirtió en rey de Tenochtitlan en 1440, exigió que las otras dos ciudades lo reconocieran como emperador supremo (*huey tlatoani*).

Para salvar las apariencias, el rey Nezahualcóyotl de Texcoco propuso una "batalla" coreografiada para ceder la supremacía a Tenochtitlan. Los guerreros de Texcoco se alinearon frente a los mexicas de Tenochtitlan, y cada bando gritó burlas al otro. Los guerreros texcocos giraron bruscamente y regresaron a su ciudad con los mexicas persiguiéndolos. La batalla terminó sin derramamiento de sangre cuando Nezahualcóyotl encendió una gigantesca hoguera en la pirámide más alta de Texcoco en señal de "rendición". A partir de ese momento, el rey Tenochtitlan gobernó el Imperio azteca.

En 1478, los aztecas sufrieron una humillante derrota ante el Imperio purépecha-tarasco de la costa del Pacífico, ubicado al noroeste del Imperio azteca. A pesar de décadas de guerra, los aztecas nunca pudieron derrotar a los purépecha. El rey Axayacatl marchó con treinta y dos mil guerreros aztecas a Taximaroa (hoy Hidalgo). Pero los purépechas le salieron al encuentro con cincuenta mil soldados armados con escudos de cobre y puntas de lanza. Los escudos de madera o mimbre de los aztecas no eran rival para las puntas de lanza de metal, y las lanzas purépechas eran demasiado largas para que los guerreros aztecas se pusieran a tiro con sus garrotes de guerra. Superados en número y con armamento inferior, los aztecas perdieron veinte mil hombres en un día.

Antes de esta batalla, los aztecas y los purépechas habían construido guarniciones a lo largo de sus fronteras para desalentar los intentos de cruzar al territorio del otro. Después de derrotar a los aztecas, los purépechas aumentaron sus fortificaciones y también se aprovecharon del pueblo otomí, que había perdido su tierra natal a manos de los aztecas. Los otomíes eran feroces luchadores y se encontraban entre los habitantes originarios del Valle de México. Habían formado parte de la población multiétnica de Teotihuacán en la época del Clásico, y cuando esa ciudad se derrumbó, construyeron su ciudad isleña de Xaltocán. Perdieron una guerra brutal y su reino insular a manos de los tepanecas-aztecas en 1.395 y emigraron hacia el sur y el oeste a Hidalgo, Puebla y Tlaxcala.

Los purépechas invitaron a los otomíes a establecerse en su territorio a lo largo de la frontera azteca. Todo lo que necesitaban hacer era ayudar a defenderse de las incursiones aztecas. Los otomíes estaban dispuestos a luchar contra sus acérrimos rivales y estaban agradecidos por la tierra para asentarse. Después de vencer la invasión azteca en 1478, los purépechas marcharon hacia el sureste más tarde ese año en un contraataque, llegando a cincuenta millas de Tenochtitlan. Para evitar una catástrofe mayor, los aztecas negociaron una zona desmilitarizada entre los dos imperios, y se produjo un alto el fuego durante más de tres décadas.

En 1.516, los aztecas capturaron a Tlahuicole, un legendario héroe de guerra tlaxcalteca, el luchador más feroz de su pueblo. El emperador azteca, Moctezuma II, quedó tan impresionado por la valentía y la destreza de Tlahuicole que le ofreció la libertad al cautivo tlaxcalteca. Pero Tlahuicole se negó, sintiendo que sería humillante regresar a casa después de haber sido capturado. Exigió la muerte de sacrificio humano por parte del guerrero cautivo habitual. En cambio, Moctezuma lo nombró comandante en jefe de los guerreros aztecas y lo envió a luchar contra los purépechas, que habían invadido nuevamente.

Después de que Tlahuicole aplastó al ejército purépecha y regresó con cientos de cautivos, Moctezuma volvió a ofrecerle la libertad o un mando permanente del ejército. Una vez más, Tlahuicole se negó, sintiendo que la liberación era deshonrosa y que luchar por el enemigo era traición, especialmente porque tendría que luchar contra su propia gente. Entonces, Moctezuma lo encadenó a un enorme disco de piedra llamado *temalacatl* en un ritual de sacrificio humano donde dos guerreros cautivos lucharon hasta la muerte. Tlahuicole mató a los primeros ocho guerreros de élite que lucharon contra él uno a uno, pero finalmente cayó ante el noveno concursante.

Además de las guarniciones y el uso del pueblo otomí en una zona de amortiguamiento, los purépechas mantuvieron relaciones cordiales con sus ciudades tributarias en sus fronteras. Mientras los aztecas exigían tributos opresivos a las ciudades-estado que conquistaban, los purépechas intercambiaban recursos por tributos. Era más bien una situación comercial igualitaria que no desangraba sus territorios conquistados. Los purépechas gobernaron de manera justa y armoniosa, fomentando la lealtad de sus provincias lejanas y la voluntad de luchar contra los enemigos comunes.

Por el contrario, los aztecas gobernaron sus territorios conquistados con dureza, exigiendo no solo productos básicos como pago de tributos, sino también personas. Reclutaban hombres para el ejército y esclavizaban a los niños. Con frecuencia asaltaban a sus vecinos invictos en busca de víctimas sacrificiales, creyendo que necesitaban aumentar sus rituales sangrientos para mantener el poder. Esta crueldad cultivó el odio en los territorios circundantes, lo que finalmente condujo a la derrota azteca cuando llegaron los españoles, ya que varias tribus se aliaron con los europeos.

Puntos clave:
- Ritual de nacimiento para niños con escudo y flecha
- Sociedades guerreras prominentes basadas en el número de cautivos que fueron tomados en la batalla
    - Tlamani, Cuextecatl y Guerreros Mariposa
    - Guerreros águila y jaguar
    - Otomí y Trasquilados, los guerreros de más alto rango
- Los embajadores invitaron a las ciudades a unirse al Imperio azteca y advirtieron que no se negaran
    - Los corredores de relevo transportaban mensajes a alta velocidad
    - Los espías se disfrazaban para encajar y recopilar información
    - Armamento: garrotes de guerra, lanzas, lanzadardos, arcos y flechas
    - Guerras florales para víctimas sacrificiales
    - Batallas importantes
    - Una falsa batalla para ceder la supremacía al dominio de Tenochtitlan
    - Una lucha decisiva perdida contra los purépecha, que tenían puntas de lanza y escudos metálicos
    - La captura del poderoso guerrero Tlahuicole de Tlaxcala
- Fortificaciones: guarniciones, zona desmilitarizada, asentamiento de aliados en la frontera

Capítulo 11: La conquista española y sus secuelas

El 4 de marzo de 1.517, Francisco Hernández de Córdoba avistó el extremo norte de la península de Yucatán después de que una tormenta desviara sus tres barcos de su expedición desde Cuba. Navegando a lo largo de la costa, se asombró al ver los edificios altos y elaborados de una ciudad maya; los españoles aún no habían encontrado una arquitectura tan sofisticada en el Nuevo Mundo. La pirámide recordaba a los conquistadores de Egipto, por lo que apodaron a la ciudad El Gran Cairo.

Los mayas fingieron amistad mientras remaban sus canoas hasta los barcos. Pero cuando los españoles desembarcaron al día siguiente, los mayas atacaron, matando a dos de sus hombres. Remando rápidamente de regreso a sus barcos, los españoles zarparon, viajando a lo largo de la costa, en busca de un río o arroyo, ya que estaban desesperados por agua potable. Pero los ríos del norte de Yucatán corren bajo tierra.

Después de tres semanas, finalmente divisaron un río, pero su aterrizaje fue desastroso. Los mayas atacaron, matando a más de la mitad de sus hombres e hiriendo al resto, con doce flechas atravesando el cuerpo de Córdoba. Se aferró a la vida en el viaje de regreso a Cuba, pero murió a su llegada. Sin embargo, el gobernador Velázquez de Cuba estaba intrigado por las historias de una civilización avanzada y la gente envuelta en adornos de oro y jade.

Dos años después, once barcos más llegaron a Cozumel en Yucatán, esta vez comandados por Hernán Cortés. A través del lenguaje de señas, los mayas comunicaron que dos españoles habían vivido cerca durante ocho años después de naufragar. Uno de ellos fue Jerónimo de Aguilar, un fraile franciscano, quien se unió agradecido a Cortés como traductor, después de haber aprendido el idioma maya. El otro, un marinero llamado Gonzalo Guerrero, estaba cubierto de piercings y tatuajes y se había casado con una noble maya. Había alcanzado un alto estatus con sus habilidades de lucha y estaba feliz de continuar en su nueva vida.

Cortés navegó hacia el norte, a Tabasco, donde doce mil potonchán-mayas atacaron dos veces, pero los españoles tenían cañones, ballestas, mosquetes, armaduras y espadas de acero. Lo que realmente aterrorizaba a los mayas eran los caballos, que nunca antes habían visto. Los potonchán se rindieron con regalos de oro y veinte esclavas. Una mujer, Doña Marina o La Malinche, era una azteca que había sido capturada o comprada cuando era niña. Podía hablar tanto el idioma maya como el náhuatl azteca. Cortés la convirtió en una de sus traductoras y su amante.

Unos días más tarde, Moctezuma II estaba en su palacio de Tenochtitlan, frunciendo el ceño ante la noticia de que los hombres de brillante armadura estaban construyendo una aldea en Veracruz. Llamó a varios embajadores y les dijo: "Vayan a saludar a estos extranjeros y denles regalos. ¡Dales oro! Los mayas dicen que les gusta el oro. Pero diles que se queden en la costa. ¡Adviérteles que se mantengan alejados de Tenochtitlan! Y pinta cuadros de estos extraños y sus armaduras y armas. Tráemelos".

Los embajadores saludaron a Cortés con figurillas de oro, y él les regaló cuentas de vidrio y un casco, que les pidió que trajeran llenos de polvo de oro. Los embajadores regresaron unos días después con el polvo de oro y los saludos corteses de Moctezuma. Pero repitieron las estrictas advertencias de Moctezuma de permanecer en la costa y no venir a Tenochtitlan. Sin embargo, el oro era como un canto de sirena, y Cortés marchó rápidamente tierra adentro con sus hombres, caballos, quince cañones y traductores.

A veinticinco millas de Veracruz, recibieron una cálida bienvenida por parte del pueblo totonaca, quien les aseguró que lucharían contra los aztecas. Pero cuando Cortés llegó a Tlaxcala, los feroces guerreros lucharon contra él durante tres días. Cortés se los ganó devolviendo a sus prisioneros de guerra tlaxcaltecas cada día en lugar de sacrificarlos como hacían los aztecas y los tlaxcaltecas. Sus traductores instruyeron a los prisioneros liberados para que dijeran a los jefes tlaxcaltecas que deseaba aliarse con ellos contra los aztecas. Esta fue una oferta que los tlaxcaltecas no pudieron rechazar, por lo que se unieron al séquito de Cortés.

Los españoles y los tlaxcaltecas marcharon hacia Cholula, un antiguo aliado de Tlaxcala. Pero los aztecas habían conquistado Cholula dos años antes, lo que los obligó a romper su alianza con los tlaxcaltecas. Cuando Cortés entró en la ciudad, todo el mundo estaba nervioso. Bernal Díaz, uno de los conquistadores, escribió que encontraron jaulas de madera "llenas de hombres y niños que estaban siendo engordados para el sacrificio en el que se comería su carne". Los tlaxcaltecas advirtieron a Cortés que los guerreros de Cholula podrían atacar. [37]

El pueblo de Cholula estaba tratando de decidir si obedecer las órdenes de Moctezuma de matar a los españoles o aliarse con los españoles y sus viejos amigos, los tlaxcaltecas. Doña Marina escuchó a las mujeres locales discutir un ataque planeado contra los españoles mientras dormían, lo que estimuló a Cortés a lanzar un ataque preventivo. Los españoles masacraron a tres mil guerreros y nobles cholula en tres horas y quemaron la antigua ciudad.

El 8 de noviembre de 1.519, Cortés marchó audazmente a través de la calzada que conducía sobre el lago de Texcoco a la ciudad isleña de Tenochtitlan. Cortés miró a su alrededor con asombro ante la resplandeciente ciudad de 200.000 habitantes. Mientras la gente de Tenochtitlan observaba, Moctezuma se encontró con él en la calzada, regiamente ataviado con oro, joyas y plumas. Era el año de una caña, y los susurros corrían por la multitud: "¿Podría ser este Cē Ācatl Topiltzin Quetzalcóatl? ¿Regresará el gran rey tolteca como profetizó que lo haría en un año de una sola caña?".

---

[37]Bernal Díaz del Castillo, *La conquista de la Nueva España* Trans. J. M. Cohen (Harmondsworth, Inglaterra: Penguin Books, 1963 [1632]), 150.

Con Doña Marina traduciendo, Cortés conoce a Moctezuma II en esta ilustración tlaxcalteca del Códice Lienzo de Tlaxcala
https://commons.wikimedia.org/wiki/File:Cortez_%26_La_Malinche.jpg

Moctezuma saludó a Cortés colocando una cadena de oro y una guirnalda de flores alrededor de su cuello y hospedando a Cortés y sus oficiales en el palacio de Axayacatl, quien era su difunto padre. Pero una semana después, Cortés se enteró de que los aztecas habían atacado a los hombres que había dejado atrás en Veracruz. Entró en el palacio de Moctezuma con varios capitanes, siseando: "¡Ven con nosotros ahora! Si pides ayuda, te ayudaremos".

Llevó a Moctezuma al palacio de Axayacatl, donde Moctezuma vivió bajo arresto domiciliario hasta su muerte. Los aztecas de Tenochtitlan estaban nerviosos por la medida y por los tlaxcaltecas que deambulaban por su ciudad. La inquietud de la ciudad continuó durante cinco meses hasta que Cortés se enteró de que habían llegado 19 buques de guerra españoles con 1.400 soldados. El gobernador Velázquez de Cuba había ordenado a Cortés que explorara México, no que estableciera una colonia. Pero Cortés había fundado un asentamiento en Veracruz, por lo que el gobernador envió hombres para arrestarlo.

Nombrando a su oficial Pedro de Alvarado para que se hiciera cargo de Tenochtitlan, Cortés se apresuró a regresar a la costa, se coló en el campamento por la noche y capturó al comandante español. Luego se puso manos a la obra para cortejar al resto de las fuerzas españolas. "¡Regresa conmigo a Tenochtitlan! Allí hay almacenes llenos de oro. Serás más rico que tus sueños más salvajes".

Los conquistadores recién llegados cambiaron de bando y marcharon con Cortés de regreso a Tenochtitlan con noventa y seis caballos. Dos mil tlaxcaltecas más se unieron a ellos en el camino de regreso. Mientras tanto, el asesinato y el caos sacudieron Tenochtitlan. En ausencia de Cortés, el rey Moctezuma había solicitado y recibido permiso de Alvarado para que la nobleza celebrara una querida fiesta azteca. Mil aristócratas aztecas se reunieron en el patio del centro ritual de la ciudad, bailando y cantando mientras sonaban los tambores.

De repente, Alvarado y los soldados españoles cargaron contra el patio y bloquearon las salidas. Comenzaron a asesinar brutalmente a los juerguistas, despojándolos de cualquier objeto de valor en lo que se conoce como la Masacre en el Gran Templo. Frenéticamente, los nobles aztecas se apresuraron a encontrar una salida. Algunos lograron escalar el alto muro, gritando a la gente de la ciudad que viniera a defenderlos. Una lluvia de jabalinas navegó hacia los españoles, que se apresuraron a regresar al palacio, donde los aztecas los bloquearon.

Cortés llegó y se encontró con que los aztecas habían nombrado al hermano de Moctezuma, Cuitláhuac, el nuevo emperador mientras Moctezuma aún estaba bajo arresto domiciliario. Los aztecas permitieron que Cortés y su nuevo ejército pasaran por la ciudad, pero Cortés sabía que la lucha podía estallar en cualquier momento. Ordenó a Moctezuma que saliera al balcón, calmara a la gente y les dijera que permitieran un paso seguro para que los españoles salieran de la ciudad y regresaran a la costa. Pero los aztecas consideraban a Moctezuma un títere de los españoles y se burlaban, lanzando piedras y dardos al balcón.

Lo que sucediera después dependía de quién contara la historia. Los conquistadores informaron que tres piedras golpearon a Moctezuma, quien sufrió una herida en la cabeza y murió tres días después. Sin embargo, los aztecas acusaron a los españoles de estrangular al emperador. En cualquier caso, los aztecas ya tenían un nuevo emperador, y Moctezuma ya no era útil para nadie. El asunto crucial para los aztecas era qué hacer con los españoles atrincherados en el palacio de Axayacatl.

Sus suministros de pólvora, alimentos y agua se estaban agotando, por lo que Cortés negoció un alto el fuego de una semana, diciéndoles a los aztecas: "Devolveremos el oro y otros tesoros que tomamos y dejaremos su ciudad en paz".

En cambio, Cortés y sus hombres se escabulleron de la ciudad esa noche, transportando la mayor cantidad de oro y otros tesoros posibles. Pero la calzada que conectaba la ciudad con el continente tenía huecos con puentes portátiles que los aztecas retiraban cada noche para salvaguardar la ciudad. Los españoles trajeron consigo un puente móvil, pero no pensaron en cómo cientos de soldados tendrían que cruzar un tramo antes de poder mover el puente a la siguiente brecha.

Llovía a cántaros, lo que mantenía a los aztecas dentro, y nadie se dio cuenta de que los hombres se movían subrepticiamente por la ciudad. Los españoles salieron a la calzada y cruzaron la primera brecha con su puente móvil cuando un sacerdote azteca en la cima de la gran pirámide hizo sonar la alarma. El puente portátil de los españoles se atascó, atrapándolos en la calzada.

Cortés y la caballería cargaron por la calzada, con sus corceles saltando por encima de los huecos, sin darse cuenta del caos que había detrás. Llegaron a la orilla y giraron sus monturas para ver cómo se desarrollaba una escena espantosa. Los guerreros aztecas cargaron fuera de la ciudad, enviando una lluvia de flechas hacia los soldados en la calzada. Cientos de canoas salieron de los canales de la ciudad y atacaron a los españoles y tlaxcaltecas desde el agua. Los españoles que cayeron al agua fueron agobiados por el oro que llevaban y se ahogaron.

Los españoles huyen de los aztecas en La Noche Triste. Dibujos del Códice Florentino de Fray Bernardino de Sahagún
https://commons.wikimedia.org/wiki/File:Spanish_Conquistadors_in_retreat_from_Aztec_Warriors_after_La_Noche_Triste.jpg

Cortés corrió de regreso a la calzada para ayudar a luchar y fue herido en la cabeza. Los hombres soltaron el puente portátil y los supervivientes finalmente llegaron a tierra firme. En La Noche Triste perecieron cerca de mil españoles y dos mil tlaxcaltecas. Perdieron toda su artillería y oro, y la mayoría de los hombres resultaron heridos. En una serie de cartas que Cortés escribió al rey Carlos V, dejó constancia del horror de la fatídica noche y de los acontecimientos anteriores y posteriores.[38]

Los conquistadores no tuvieron tiempo para llorar a sus camaradas perdidos ni para curar sus heridas, ya que miles de aztecas furiosos se acercaban. Los tlaxcaltecas los condujeron hacia el norte alrededor de los lagos conectados mientras luchaban contra los ataques de las bandas de aztecas. Cuando los aztecas mataron a uno de sus caballos, los españoles estaban tan hambrientos que se comieron todo el animal, incluida su piel. Unos cuarenta mil aztecas lanzaron un ataque a gran escala cuando llegaron a Otumba, en el lado noreste del sistema lacustre.

Dos tácticas salvaron a los españoles ese día. La caballería castellana puso en juego sus habilidades de equitación, cargando contra los aztecas, que nunca habían luchado contra caballos, y rompiendo sus líneas en repetidas ocasiones. Cortés ordenó a sus hombres que centraran sus ataques en los jefes aztecas. Después de matar al comandante en jefe azteca, los aztecas retrocedieron, y los españoles y tlaxcaltecas los perseguían. Fue una victoria agridulce. Sólo sobrevivieron 440 soldados españoles, y todos resultaron heridos, al igual que muchos de los tlaxcaltecas.

Los soldados finalmente se pusieron a salvo en el montañoso territorio tlaxcalteca, y Cortés renovó los términos de una alianza con los tlaxcaltecas. Les otorgó la ciudad de Cholula, la libertad de tributos y una parte igual del botín de sus futuras incursiones juntos. Su asentamiento en Veracruz envió refuerzos, y llegaron barcos de suministros con más soldados y caballos de Cuba y España. Ninguno de estos lugares se dio cuenta de que Cortés todavía estaba en el poder.

Cortés se abrió camino alrededor del lado oriental del lago de Texcoco, solidificando alianzas con los acolhua-aztecas, los tepanecas-aztecas, los otomíes y otras tribus contra los mexicas-aztecas. En septiembre de 1.520, la viruela azotó Tenochtitlan, diezmando el número

---

[38] Hernán Cortés, *Cartas y Relaciones de Hernán Cortés al Emperador Carlos V* Ed. Pascual de Gayangos (París: A. Chaix, 1866). https://www.cervantesvirtual.com/nd/ark:/59851/bmc0974782

de guerreros y matando al nuevo emperador, Cuitláhuac. Su primo, Cuauhtémoc, le sucedió como el último emperador azteca.

El ingenioso plan de batalla de Cortés para atacar la ciudad isleña de Tenochtitlan consistía en construir trece barcos pequeños y poco profundos llamados bergantines, que eran propulsados por remos y velas y armados con cañones. Con la pericia de Martín López, un carpintero de su séquito con experiencia en la construcción naval, y ocho mil trabajadores indígenas para cortar madera, se inició la construcción naval. El primer astillero de América del Norte estaba a millas del lago, a 7.500 pies sobre el nivel del mar, y en territorio tlaxcalteca, donde estaría a salvo de la intrusión azteca. Construyeron un canal secreto hacia el lago y arrastraron secciones desmontadas de los barcos una milla hasta el canal, donde armaron los barcos y los botaron. Los españoles y tlaxcaltecas llevaron a cabo esta impresionante hazaña en tan solo cincuenta días.[39]

El 28 de abril de 1.521, los barcos navegaron por el canal y entraron en el lago. En este punto, los españoles tenían ochenta y seis soldados de caballería, alrededor de mil soldados de infantería y unos veinte mil aliados indígenas luchando con ellos. Un batallón marchó a la isla de Chapultepec para cortar el acueducto que conducía agua dulce a Tenochtitlan, que estaba rodeada de agua salobre. Desde la cima de la colina de Chapultepec, los españoles vitoreaban mientras observaban los barcos que navegaban a través del lago hacia la ciudad de Iztapalapa, en el otro extremo de la calzada que conduce a Tenochtitlan.

Quinientas canoas salieron de Tenochtitlan, pero se detuvieron en seco cuando se acercaron a los barcos. Mientras los aztecas flotaban en silencio, escudriñando las embarcaciones, el viento se levantó y Cortés ordenó a las naves que atacaran. Con el viento a favor de las velas, los bergantines cortaban el agua hacia las canoas, aplastando a cualquiera que no se moviera lo suficientemente rápido. El ejército terrestre español se precipitó por la calzada mientras los bergantines impedían que las canoas aztecas se acercaran. Cuando los aztecas de otras ciudades lanzaron un ataque por la retaguardia, diez mil tlaxcaltecas les cerraron el paso.

---

[39] Robert F. Carter, "El primer astillero de América del Norte", *El Ingeniero Militar* 57, núm. 379 (1965): 338-40. http://www.jstor.org/stable/44571688.

Los bergantines atacaron por agua y el ejército terrestre desde las calzadas
Fray Bernardino de Sahagún, Códice florentino.
https://commons.wikimedia.org/wiki/File:Brigantines_in_the_Siege_of_Tenochtitlan.jpg

Los españoles tenían el control total de las calzadas, pero los arqueros de los tejados de la ciudad les impidieron acercarse. Los bergantines y soldados de infantería lanzaron fuego de cañón y dispararon flechas de fuego para quemar y destruir las estructuras en el perímetro de la ciudad. Los pequeños barcos incluso navegaban por los canales que entrelazaban la metrópolis, disparando balas de cañón en el camino. Las fuerzas terrestres de Cortés llegaron al centro de la ciudad y prendieron fuego al complejo del templo.

Pero el sol se estaba poniendo, por lo que los españoles se retiraron a la calzada para pasar la noche. Los mexicas-aztecas aprovecharon este momento para contraatacar por la retaguardia, matando a más de mil tlaxcaltecas y capturando a algunos españoles. Arrastraron a estos hombres a la cima de la pirámide más alta y les cortaron el corazón palpitante del pecho.

Los españoles acamparon en las calzadas y siguieron meses de lucha. Los españoles gradualmente ganaron el control de secciones de la ciudad y quemaron esos vecindarios, obligando a la población a un remanente cada vez más reducido de la ciudad. Al principio, los aztecas de las afueras de la ciudad contrabandeaban agua y alimentos en canoa, pero los bergantines terminaron con eso. Con el acuífero cortado, la ciudad no tenía agua dulce, y la gente comenzó a beber el agua salina de los canales, muriendo de disentería y deshidratación como resultado. La mayoría de las otras ciudades aztecas alrededor del lago se rindieron.

Finalmente, miles de hombres, mujeres y niños salieron de la octava parte de la ciudad que aún queda en pie. A pesar de su rendición, los tlaxcaltecas atacaron inmediatamente en contra de las órdenes de Cortés, matando a más de quince mil ciudadanos. Entonces, una flota de canoas se lanzó al lago, que los bergantines españoles interceptaron. En una canoa, vieron al emperador, Cuauhtémoc, con su familia. Lo capturaron el 13 de agosto de 1.521, poniendo fin al asedio. El Imperio azteca había caído.

La mayoría de las otras civilizaciones de México se rindieron en un año con poca o ninguna lucha, con la esperanza de evitar la devastación causada por los aztecas. Los mayas continuaron luchando ferozmente; los españoles tardaron 170 años en conquistar todas las ciudades-estado mayas. A pesar de once años de guerra, los feroces y nómadas chichimecas del noroeste de México se mantuvieron invictos. Finalmente, los frailes españoles exigieron el fin de la sangrienta guerra e instituyeron un nuevo programa de colonización de los tlaxcaltecas cristianizados en el noroeste de México. Se hicieron amigos de los chichimecas nómadas y ayudaron a *domesticarlos*, enseñando a los chichimecas a ser ganaderos y agricultores. Entre ellos vivieron frailes españoles, introduciendo a los chichimecas en el catolicismo.

Puntos clave:
- 1517: Francisco Hernández de Córdoba descubre México
- 1519: Llega Hernán Cortés y se dirige hacia el interior
    - Adquisición de Fray Jerónimo de Aguilar y Doña Marina (La Malinche) como traductores

- Aliados con los totonacas y tlaxcaltecas
  - Cholula destruida
- Llegada a Tenochtitlan
  - Colocó a Moctezuma II bajo arresto domiciliario
  - Masacre de nobles en el templo
  - Matan a Moctezuma
- La Noche Triste
  - Los españoles intentaron escabullirse de Tenochtitlan
  - Los aztecas mataron o hirieron a la mayoría de los españoles y a muchos tlaxcaltecas
- Cortés se reagrupó y planeó el asedio
  - Formó alianzas con muchas ciudades
  - Construcción de pequeñas embarcaciones y un canal hacia el lago de Texcoco
  - La viruela golpeó a Tenochtitlan
- Sitio de Tenochtitlan
  - Los españoles son atacados por barcos y ejército de tierra
  - Tenochtitlan cayó a los cinco meses; El emperador capturado
- Consecuencia
  - La mayoría de las civilizaciones en México se rindieron con poca resistencia
  - Maya luchó durante 170 años
  - Chichimeca invicto; Atraído a unirse a un programa de asentamiento

CUARTA PARTE:
Un legado inolvidable

Capítulo 12: Figuras legendarias

La historia del México antiguo son las historias de su gente, desde los campesinos en los campos hasta los gobernantes en los palacios. Tenemos poca información sobreviviente para la mayoría de sus habitantes, aparte de lo que se puede deducir del análisis arqueológico. Pero los cuentos de algunas figuras legendarias se han conservado a través de tradiciones orales y relatos escritos. Echemos un vistazo a algunos de ellos.

Itzamná y Kukulkán

Zamná (o Kukulkán) fue un sacerdote que, según la leyenda, llegó a Yucatán desde Tula. Fundó (o renovó) Chichén Itzá y otras ciudades de Yucatán e inventó la escritura. Por sus contribuciones a la civilización, se convirtió en Itzamná, el dios del cielo, una de las deidades más prominentes de los mayas. La paradoja es que los mayas creían que el dios Itzamná creó el mundo a partir del caos y creó a los seres humanos, entonces, ¿cómo podría Zamná convertirse en Itzamná si los humanos ya existían? Sin mencionar que los mayas habían estado escribiendo durante siglos antes de que se fundara Tula (que no tenía un sistema de escritura avanzado). Aparentemente, tanto un dios como una persona tenían el mismo nombre, y sus historias se mezclaron. Algunos eruditos creen que Zamná era Cē Ācatl Topiltzin, ya que procedía de la ciudad tolteca de Tula.

La deidad Itzamná y su esposa, la diosa de la luna Ixchel, eran los padres de los otros dioses. De Itzamná fluían el cielo y la tierra, el día y la noche, el sol y la luna, el nacimiento y la muerte, el hombre y la mujer, y los cielos y el inframundo. Itzamná inventó las ciencias, la astrología, la medicina, la agricultura, el calendario y la escritura y se las enseñó a los mayas. Sus imágenes son a menudo de un hombre mayor y severo sentado en un trono con una nariz larga y puntiaguda. A veces se le representa como un cocodrilo o como el Ave del Cielo (Itzam Yeh) posada en el Árbol del Mundo (Ceiba), sosteniendo una serpiente de dos cabezas en su pico.

Itzamná, dios maya de la creación
Salvador alc, CC BY-SA 3.0 <https://creativecommons.org/licenses/by-sa/3.0>, vía Wikimedia Commons; https://commons.wikimedia.org/wiki/File:Itzamna_sculpture.JPG

A veces, Itzamná se equipara con Kukulkán, la deidad de la serpiente emplumada, que es en parte serpiente de cascabel y en parte pájaro quetzal. Los olmecas, teotihuacanos, zapotecas, mixtecos, toltecas y aztecas también adoraban a la serpiente emplumada como dios creador del cielo y portador del viento y la lluvia. Los toltecas y aztecas lo conocían como Quetzalcóatl, el dios de la agricultura, las artes y la ciencia y el inventor del calendario. Regaló maíz a los humanos y se asoció con Venus, la estrella de la mañana.

Búho lanzalanza (Atlatl cauac o Jatz'om Kuy)

Los teotihuacanos no mantuvieron registros de sus monarcas, pero las inscripciones mayas nombraron a Búho Lanzador como rey de Teotihuacán de 374 a 439 d. C. Su reinado coincidió con un levantamiento cuando el Templo de la Serpiente Emplumada de Teotihuacán fue incendiado y parcialmente oscurecido por la construcción de la plataforma de Adosada. ¿Por qué los mayas de Tikal, en Guatemala, escribieron sobre el rey de Teotihuacán, que se encontraba a casi ochocientas millas al noroeste? Las inscripciones dicen que un señor de la guerra del Búho Lanzalanzas, llamado Siyaj K'ak' (Nace el Fuego), invadió Tikal en el año 378 d. C., matando al rey maya Pata de Jaguar (Chak Tok Ich'aak I). El General Fuego-Ha Nacido convirtió al hijo de Búho Lanzalanzas, Primer Cocodrilo (Yax Nuun Ayiin), en el nuevo rey de Tikal.[40]

Los mayas decían que el general Nace el Fuego conquistó Uaxactún, justo al sur de Tikal, y él y sus descendientes gobernaron esa ciudad durante generaciones. Primero Crocodile gobernó Tikal hasta su muerte en 404 y fue sucedido por su hijo Storm Sky (Sihyaj Chan K'awiil), quien gobernó durante cincuenta y dos años hasta su muerte en 456. Teotihuacán también instaló al Gran Sol, Quetzal Pájaro Primero (K'inich Yax K'uk' Mo') como rey de Copán, a más de doscientas millas al sur de Tikal en Honduras.

Curiosamente, Primer Cocodrilo podría no haber sido el príncipe teotihuacano que los mayas creían que era. Una pirámide en Tikal supuestamente alberga su tumba, ya que una inscripción en una taza junto a su esqueleto dice: "La copa del hijo del búho lanzalanzas". Pero el análisis de isotipos de los restos, que muestra la dieta de la persona durante toda su vida, indica que creció alrededor de Tikal. Podría haberse hecho pasar por la realeza teotihuacana, o tal vez era un príncipe teotihuacano que creció en Yucatán por alguna razón.

Nezahualcóyotl

Nezahualcóyotl (1402-1472) fue rey de Texcoco después de planear y comandar el ejército de coalición que dio origen al Imperio azteca. Fue poeta, profeta e ingeniero, y después de que se estableció la Triple Alianza, gobernó a los alcoa-aztecas. Sin embargo, antes de que eso

---

[40] Michael D. Coe *Los Mayas (Serie Pueblos y Lugares Antiguos)* (Londres y Nueva York: Thames & Hudson, 1999), 90.

sucediera, cuando aún era un príncipe adolescente, huyó al montañoso territorio de Tlaxcala después de que los invasores tepanecas mataran a su padre. Mientras estaba en el exilio, experimentó una repentina percepción espiritual, que fue escrita por su bisnieto:

> "Un dios inmensamente poderoso y desconocido es el creador de todo el universo. Él es el único que puede consolarme en mi aflicción y ayudarme en la angustia que siente mi corazón; Quiero que sea mi ayudante y protección".[41]

Pintura de Nezahualcóyotl en el Códice Ixtlilxóchitl
https://commons.wikimedia.org/wiki/File:Nezahualcoyotl.jpg

Una vez que derrotó a los tepanecas y se convirtió en rey de Texcoco, Nezahualcóyotl construyó una pirámide a Tloque Nahuaque, "el creador desconocido, pero siempre cercano, que existe por sí mismo". Tloque Nahuaque era inusual en el sentido de que no requería sacrificios

---

[41] Juan Bautista de Pomar. "Relación de Tezcoco", en *Relaciones de la Nueva España*, ed. Vázquez Chamorro. (Madrid: Historia 16, 1991).

humanos. Nezahualcóyotl solo ofrecía incienso y flores a su dios.[42]

Nezahualcóyotl tuvo 110 hijos con sus esposas y concubinas, pero se enamoró de la esposa de un rey menor bajo su mando. Envió a ese rey a luchar contra los tlaxcaltecas, donde fue muerto, y Nezahualcóyotl hizo entonces a la hermosa reina Azcalxochitzin su esposa. Poco después, enjambres de langostas azotaron Texcoco, despojando los campos de maíz, tomates y pimientos. Los cultivos que sobrevivieron se marchitaron por la sequía. La gente de Nezahualcóyotl se estaba muriendo de hambre, y él sentía que su pecado había causado la hambruna. Abrió la tesorería para comprar alimentos para sus ciudadanos y pagó las cuotas escolares de los niños que habían perdido a sus padres en el desastre.

Xicotencatl el Viejo

Xicotencatl fue el longevo gobernante tlaxcalteca de Tizatlán que advirtió al Concejo de Tlaxcala al considerar la alianza propuesta por Cortés. En el debate sobre si unir fuerzas con los españoles, un noble tlaxcalteca llamado Maxixcatzin alentó la coalición. Dijo que los dioses y los antepasados ordenaron esta oportunidad para romper el yugo azteca.

Xicotencatl el Viejo en el Códice Lienzo de Tlaxcala
https://commons.wikimedia.org/wiki/File:Xicotencatl_the_elder.jpg

---

[42] Pomar, "Relación de Tezcoco".

Sin embargo, Xicotencatl advirtió: "Cortés podría ser nuestro amigo ahora, pero ¿seguiría siéndolo una vez que Tenochtitlan cayera? ¿Se convertiría en el enemigo interno? ¿Son dioses los españoles? ¿O son monstruos voraces que se atiborran de oro? ¿Derramaríamos nuestra sangre solo para convertirnos en esclavos de ellos?".

Aunque el anciano Xicotencatl señaló que derrotar a los mexicas-aztecas tendría un precio, el Consejo de Tlaxcala votó a favor de aliarse con Cortés. El Códice del Lienzo de Tlaxcala dice que Xicotencatl tenía 120 años y más de quinientas esposas e hijos cuando conoció a Cortés.

Apoxpalon (Paxbolonacha)

Apoxpalon era un maya chontal de Tabasco, un grupo que reclamaba linaje de los olmecas. En 1525, ascendió de la posición de comerciante a convertirse en rey de Itzamkanac, la capital de la ciudad-estado maya chontal. Estos mayas no tenían dinastías reales, sino que elegían a sus reyes en función de sus habilidades, generalmente mercaderes que adquirían una base de conocimientos a través de sus viajes. Las habilidades específicas de Apoxpalon incluían una astuta comprensión de la aritmética, y tenía una amplia experiencia en la agricultura, la pesca y la caza.

Apoxpalón se convirtió en rey poco después de que Cortés aplastara al Imperio azteca y estaba nervioso por lo que le sucedería cuando Cortés viajara a su región. Su hijo recibió a Cortés con regalos de oro, diciéndole que su padre había muerto. Cortés expresó su simpatía, pero sospechó que todo era un subterfugio, ya que sabía que el rey Apoxpalón había estado vivo solo cuatro días antes. Sin embargo, Cortés le regaló al joven príncipe el collar de cuentas que llevaba puesto y continuó su camino.

Cortés llegó a Teoticaccac, a unas dieciocho millas de Itzamkanac, donde el caudillo de la ciudad le dio la bienvenida amablemente. El gobernante de Teoticaccac reveló que Apoxpalon estaba vivo y bien, pero temía que Cortés lo matara y se llevara su riqueza. Cortés interrogó entonces al hijo de Apoxpalón, quien admitió que su padre estaba vivo. Dos días después, Apoxpalon llegó, explicando disculpándose su miedo a los extranjeros y a los caballos. Invitó a Cortés a Itzamkanac, donde los españoles se alojaron en su palacio y disfrutaron de una noche de fiesta y celebración. Cuando Cortés se marchó al día siguiente, regaló al rey un caballo, y Apoxpalón venció su miedo al animal y aprendió a montar[43]

---

[43] Susan Schroeder, ed., *La conquista de Chimalpahin: la reescritura de un historiador nahua de La*

Hernán Cortés

La ambición primordial y la personalidad carismática de Hernán Cortés lanzaron una carrera estelar, sin embargo, su desprecio por la autoridad y su crueldad a veces descarrilaron sus objetivos. A mediados de sus veintes, llamó la atención del gobernador de Cuba, Diego Velázquez, quien lo elevó de rango. Sin embargo, el gobernador se disgustó cuando Cortés se involucró sentimentalmente con la cuñada de Velázquez, Catalina, mientras coqueteaba con su hermana. Cortés se casó con Catalina principalmente para avanzar en su carrera.

En 1518, Velázquez encargó a Cortés que dirigiera una expedición a México, pero cambió de opinión en el último minuto. Cortés zarpó de todos modos, un acto de motín, que luego se vio exacerbado por el establecimiento de una colonia en Veracruz en contra de las estrictas órdenes del gobernador. Se declaró independiente de Cuba y presentó su nueva ciudad como colonia de Carlos V, rey de España y emperador del Sacro Imperio Romano Germánico. Cortés envió un barco lleno de oro con cartas a Carlos, contándole sus exploraciones y por qué se había separado de Velázquez.

Una vez que Cortés conquistó Tenochtitlan, eliminó a los líderes indígenas que consideraba una amenaza acusándolos de conspiración y ahorcándolos. Lo hizo con Xicoténcatl, el hijo del Viejo, cumpliendo la profecía del antiguo líder. Cortés permitió que el último emperador azteca, Cuauhtémoc, viviera durante cuatro años, pero luego lo llevó en una expedición a territorio maya y lo ahorcó por supuesta conspiración. Para controlar a Cortés y otros conquistadores, el rey Carlos estableció el Consejo de Indias para gobernar todas las nuevas colonias españolas en las Américas y el Pacífico.

---

conquista de México de Francisco López de Gomara (Redwood City: Stanford University Press, 2010), 386-9. https://doi.org/10.1515/9780804775069-184

Hernán Cortés, Museo Naval de Madrid
https://commons.wikimedia.org/wiki/File:Hern%C3%A1n_Cort%C3%A9s_an%C3%B3nimo.jpg

Un año después de la caída de Tenochtitlan, Catalina llegó a México, infeliz de encontrar a la traductora y amante embarazada de su esposo, Doña Marina, viviendo en su palacio. En una cena, arremetió contra Cortés y luego salió furiosa de la habitación. Horas después, fue encontrada muerta en su habitación. Cortés fue acusado de asesinato por estrangulamiento, pero los cargos fueron retirados, tal vez debido a sobornos suntuosos. Reconoció al hijo de doña Marina, Martín, como suyo, lo que finalmente lo convirtió en legítimo.

En 1529, Cortés se casó con Doña Juana de Zúñiga, una noble española, y Carlos V lo nombró marqués del Valle de Oaxaca. Un año antes, Cortés violó a la hija de Moctezuma II, Doña Isabel, y la dejó embarazada. Alrededor de los doce años, Isabel se convirtió en la novia de su tío Cuitláhuac, quien se convirtió en emperador después de que Cortés pusiera a su padre bajo arresto domiciliario. Meses después, Cuitláhuac murió de viruela y se casó con su primo Cuauhtémoc, el último emperador azteca. Cortés ejecutó a Cuauhtémoc varios años después y se llevó a Isabel, de diecisiete años, a su casa. Cuando ella quedó embarazada, rápidamente casó a Isabel con una amiga, y una niña nació varios meses después. Isabel se negó a tener nada que ver con la niña, por lo que Cortés envió a su hija a casa de un pariente para que la criara.

Cortés acumuló una riqueza impresionante a través de sus tierras, los tesoros que adquirió en sus conquistas y sus treinta y cinco minas de plata. Sin embargo, gastó la mayor parte de su dinero en más expediciones y estaba muy endeudado cuando murió de disentería. Sin embargo, reconoció y mantuvo a sus once hijos de su segunda esposa y múltiples amantes.

Puntos clave:
- Itzamná y Kukulkán
    - Itzamná era el dios del cielo y de la creación
    - A veces se le equipara con Kukulkán, la deidad de la serpiente emplumada
- Búho lanzalanza
    - Según los mayas, rey de Teotihuacán de 374 a 439 d. C.
    - Su general invadió Tikal en 378; sus descendientes gobernaron varias ciudades mayas
- Apoxpalon
    - Mercader maya chontal que llegó a ser rey
    - Fingió su muerte a Cortés
- Nezahualcóyotl
    - Rey de Texcoco, comandante del ejército azteca de la coalición.
    - Poeta, profeta, ingeniero y uno de los fundadores de la Triple Alianza
    - Adoraba al creador omnisciente e increado
- Xicotencatl el Viejo: anciano gobernante tlaxcalteca que argumentó en contra de aliarse con los españoles.
- Hernán Cortés
    - Extremadamente ambicioso, despiadado, ignorado por la autoridad, pero persuasivo y encantador
    - Comenzó su carrera en Cuba, luego conquistó gran parte de México y parte de Centroamérica

Capítulo 13: Arte, arquitectura y artefactos

Palacios, pirámides, murales brillantes, cerámica pintada y adornos de jade y oro contribuyeron a la rica variedad de arquitectura y arte del México antiguo. Algunos temas impregnaron las diversas culturas, pero cada civilización tenía características distintivas. El arte y la arquitectura del México antiguo reflejaban los ideales políticos, las creencias religiosas, las cosmovisiones y los estilos de vida de su gente. Ver estos artefactos nos da un retrato de cómo era la vida y cómo la gente veía los mundos espiritual y físico.

Los olmecas

Además de la primera pirámide conocida de Mesoamérica y sus cabezas colosales únicas, los olmecas dejaron un legado de arte y arquitectura que impactó a las culturas futuras. Utilizando el sistema del río Coatzacoalcos, importaron jadeíta y obsidiana de Guatemala, de las que tallaron armas e imágenes de criaturas sobrenaturales. Su extensa red comercial, que se extendió desde la costa del Golfo hasta el océano Pacífico, hizo que los olmecas influyeran en otras civilizaciones alejadas de su territorio.

Sus imágenes mostraban al hombre-jaguar, una criatura mitad jaguar y mitad humana, tal vez una deidad olmeca. Estas tallas tenían una cabeza hendida, ojos almendrados y una boca abierta hacia abajo. La mayoría de las imágenes de hombres jaguar eran bebés sostenidos en los brazos de un hombre, como si fueran sacrificados. Los olmecas también tallaron máscaras de jaguar de jade. Las pinturas olmecas descubiertas en las profundidades de la cueva de Juxtlahuaca en Guerrero, que datan de 1.200 a 900 a. C., representan a un jaguar saltando y una serpiente emplumada. Una imagen fascinante de un hombre barbudo con cola y manchas en los brazos y las piernas parece ser una criatura mitad jaguar y mitad hombre o un hombre con piel de jaguar.

La figura de Las Limas es una talla de piedra verde de veintidós pulgadas de alto de un hombre sosteniendo un bebé jaguar inerte, que data del 1000 al 600 a. C.
Mag2017, CC BY-SA 4.0 <https://creativecommons.org/licenses/by-sa/4.0>, vía Wikimedia Commons; https://commons.wikimedia.org/wiki/File:Se%C3%B1or_de_las_limas_2.jpg

Los mayas

El arte maya era en parte para el placer visual, en parte para representar eventos históricos, pero principalmente para expresar sus creencias religiosas politeístas. Presentaba motivos de dragones y serpientes como vínculo entre el inframundo y la tierra de los vivos. Las imágenes de las deidades a menudo tenían rasgos de jaguar, que representaban el coraje y la fuerza. Creían que sus sacerdotes y reyes más poderosos podían transformarse en jaguares; Así, algunas imágenes tienen rostros que son jaguar por un lado y humanos por el otro.

Los mayas demostraron una comprensión de la química en sus pigmentos de colores brillantes. Mezclaban arcilla con hojas de índigo, creando una reacción química que se volvía amarilla o turquesa, dependiendo de lo que añadieran a la mezcla. Sus murales solían reflejar la guerra o los festivales religiosos, pero ocasionalmente la vida cotidiana de personas que no pertenecían a la realeza. Los mayas también tallaron piedra, jade y madera. Tallaron enormes rocas en forma de cocodrilos, jaguares y serpientes. Máscaras mortuorias de jade, oro o conchas cubrían los rostros de la realeza fallecida.

Guerreros cautivos suplican clemencia al rey Yajaw Chan Muwaan en este mural de Bonampak
https://commons.wikimedia.org/wiki/File:01-maya-lidar-mapping.jpg

La arquitectura maya presentaba una red de calzadas que se extendían desde los centros ceremoniales, a menudo actuando como presas en las ciudades de las tierras bajas. Construyeron tríos de pirámides, con dos pirámides más pequeñas frente a una gigante. A veces, tenían cuadriláteros piramidales, con tres pequeñas pirámides frente a la más grande, y ocasionalmente, construían pirámides idénticas una al lado de la otra. Los mayas construyeron algunas ciudades de acuerdo con un patrón que reflejaba ciertos glifos cuando se veían desde arriba.

Máscara mortuoria de jade maya de la ciudad de Calakmul
Estela Parra, CC BY-SA 4.0 <https://creativecommons.org/licenses/by-sa/4.0>, *vía Wikimedia Commons;* https://commons.wikimedia.org/wiki/File:Mascara_de_calakmul.jpg

Los zapotecas

Algunas de las obras de arte más distintivas de los zapotecas giraban en torno a los entierros. Formaban elaboradas urnas de arcilla, que se enterraban cerca de los cuerpos, representando criaturas híbridas de murciélagos y jaguares (los mayas y los zapotecas adoraban a ambos animales). Las urnas funerarias también presentaban a varias deidades sentadas con las piernas cruzadas y elaborados tocados. A veces, eran figuras humanas realistas, tal vez representando a la persona fallecida.

Las tumbas zapotecas para ciudadanos ilustres tenían pisos de cemento, paredes de piedra o adobe y una puerta. Una vez enterrada la persona, un alto montículo de tierra cubría la bóveda. Las urnas funerarias se colocaban en grupos de cinco justo fuera de la tumba, generalmente en el dintel de la puerta. Es un misterio lo que contenían las urnas huecas, si es que contenían algo, ya que no queda ningún residuo. Al igual que los mayas y los mixtecos, los zapotecas tallaron máscaras mortuorias y fueron de los primeros en México en trabajar con metales.

Una urna funeraria zapoteca de la época clásica

Simon Burchell, CC BY-SA 3.0 <https://creativecommons.org/licenses/by-sa/3.0>, vía Wikimedia Commons; https://commons.wikimedia.org/wiki/File:Zapotec_funerary_urn_1,_Museo_de_Am%C3%A9rica.jpg

Un ejemplo especialmente intrigante de la arquitectura zapoteca fue el Edificio J en forma de punta de flecha, que fue construido en Monte Albán alrededor del año 100 a. C. Apuntaba a la estrella Capella (o Cabra), la sexta estrella más brillante del cielo. La Capella es en realidad un grupo de cuatro estrellas que son excepcionalmente brillantes cuando están cerca del horizonte en las noches de invierno. El edificio de punta de flecha está dedicado a las conquistas militares, con las cabezas de los reyes conquistados talladas al revés alrededor del exterior.

Teotihuacan

Los arqueólogos creen que Teotihuacán fue gobernada por un consejo en lugar de un rey poderoso durante al menos parte de su existencia. Las obras de arte de esta ciudad multiétnica no glorifican a sus gobernantes, solo a las deidades y la mitología primordial de la creación. Los humanos a menudo se representan con ropa similar sin características distintivas. La historiadora del arte Esther Pasztory creía que la obra de arte impersonal y repetitiva podría haber sido ordenada para promover una sociedad igualitaria donde los valores colectivos triunfaran sobre el individualismo.[44]

Un sacerdote teotihuacano con una máscara de dragón
UNESCO / Dominique Roger, CC BY-SA 3.0 IGO <https://creativecommons.org/licenses/by-sa/3.0/igo/deed.en>, vía Wikimedia Commons;
https://commons.wikimedia.org/wiki/File:Painting,_Mexico_-_UNESCO_-_PHOTO0000001337_0001.tiff

Brillantes murales en carmesí, verde y dorado cubrían las paredes del palacio y del templo, así como las paredes exteriores de los complejos de apartamentos. Presentaban sacerdotes que ofrecían sacrificios, jaguares y deidades como la Serpiente Emplumada y la Gran Diosa (llamada Mujer

---

[44] Esther Pasztory, *Teotihuacán: un experimento de vida* (Norman: Editorial de la Universidad de Oklahoma, 1997), xv-xvi.

Araña por las arañas que colgaban de su tocado). Por lo general, se representa a las personas con cuerpos cortos y rechonchos que casi quedan eclipsados por enormes máscaras y tocados.

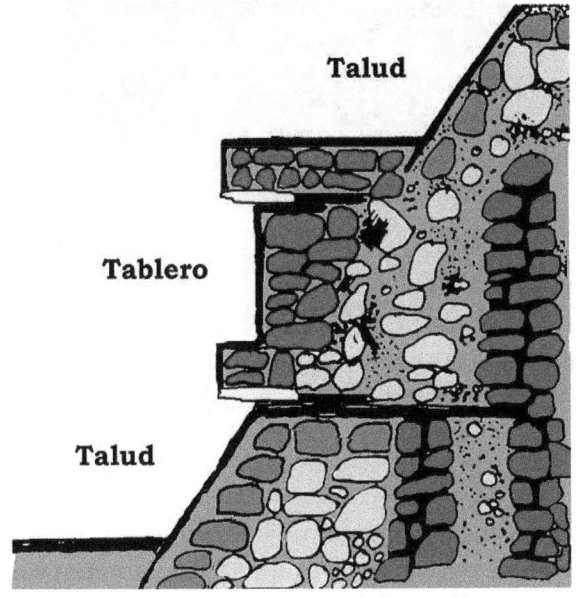

Arquitectura Talud-tablero
HJPD, CC BY-SA 3.0 <https://creativecommons.org/licenses/by-sa/3.0>, vía Wikimedia Commons; https://commons.wikimedia.org/wiki/File:TableroTalud.jpg

Con 216 pies, la Pirámide del Sol de Teotihuacán era la más alta de México cuando se construyó y es la séptima pirámide más grande del mundo en la actualidad por volumen. La Pirámide del Sol y la Gran Pirámide de Cholula (la más grande del mundo por volumen) se construyeron utilizando la arquitectura talud-tablero, un sello distintivo de Teotihuacán. Cholula tenía una estrecha relación con Teotihuacán, así como una cultura similar. Una pirámide talud-tablero tiene una pendiente pronunciada (talud) con una repisa que sobresale como una mesa (tablero).

Los mixtecos

Los mixtecos fueron los principales artesanos de la época posclásica de México y fueron especialmente reconocidos por su exquisito trabajo en oro. Eran maestros de elaborados mosaicos de turquesa, jade, obsidiana y coral, y sus delicadas tallas en huesos de jaguar y madera eran muy apreciadas en todo México. Sus códices o complejas historias pictóricas escritas en piel de venado eran mucho más detalladas y estilísticas que las de los mayas o los aztecas.

Un intrincado adorno mixteco de labret (tapón de labios) de serpiente dorada
Sailko, CC BY 3.0 <https://creativecommons.org/licenses/by/3.0>, vía Wikimedia Commons; https://commons.wikimedia.org/wiki/File:Messico, mixtechi-aztechi, labret (orecchino per sotto il labbro inferiore) a forma di serpente, IX-XI sec, oro sbalzato 01.JPG

La cerámica mixteca mostraba una diversidad y forma sin igual, con escenas sorprendentes con detalles precisos. Un hermoso ejemplo de cerámica mixteca policromada es un cuenco de pedestal con una superficie naranja y roja brillantemente pulida. Tres jaguares gruñendo estaban pintados de blanco, gris, negro y marrón. Las hojas parecidas a plumas sobresalen de la grupa y la garra de un felino, posiblemente representando hojas de obsidiana utilizadas en el sacrificio.

Un cuenco de pedestal de cerámica mixteca
Museo Metropolitano de Arte, CC0, vía Wikimedia Commons; https://commons.wikimedia.org/wiki/File:Pedestal_Bowl_MET_DP102174.jpg

Los toltecas

El nombre de los toltecas significaba artesanos, y su fama en la impresionante arquitectura y los objetos artesanales impresionó especialmente a los aztecas, que buscaban emular su cultura. Los aztecas pasaron veinte años viviendo y estudiando la cultura cuando llegaron a Tula, que se había convertido en un pueblo fantasma. Cuando se fueron, se llevaron artefactos y regresaron más tarde para llevarse más. Los toltecas se especializaron en esculturas, incluyendo relieves, pilares tallados en forma de guerreros y piezas talladas más pequeñas.

Un tipo de pequeña escultura, el chacmool, se originó con los toltecas, quienes los introdujeron a los mayas de Chichén Itzá. Los aztecas también adoptaron esta forma de arte. Los chacmool eran pequeñas estatuas de piedra talladas para parecerse a un hombre humano acostado boca arriba apoyado sobre los codos y balanceando un cuenco sobre su pecho. La cabeza está girada hacia un lado y mirando hacia arriba. El cuenco en el pecho de la figurilla contenía una ofrenda de sacrificio; en el caso de los aztecas, contenía un corazón humano cortado de una víctima sacrificial. Es probable que los toltecas lo usaran con el mismo propósito.

Este chacmool es de Chichén Itzá, que tuvo una fuerte influencia tolteca
Luis Alberto Lecuna/Melograna, CC BY-SA 2.0 <https://creativecommons.org/licenses/by-sa/2.0>, vía Wikimedia Commons;
https://commons.wikimedia.org/wiki/File:Maya_Chac_Mool_by_Luis_Alberto_Melograna.jpg

Los toltecas tallaron fascinantes relieves en las paredes, como el "muro de serpientes" en Tula, que tenía más de cien pies de largo y representaba esqueletos humanos y serpientes que se deslizaban. Las serpientes parecen estar comiendo los huesos humanos, o los esqueletos están emergiendo de sus bocas. Los esqueletos podrían haber representado a antepasados venerados, especialmente porque el muro está justo al lado de la Pirámide B, que estaba dedicada a los gobernantes de la ciudad. Los esqueletos, las calaveras y los corazones humanos parecían impregnar la cultura tolteca, con representaciones de jaguares y águilas que se alimentaban de corazones humanos y bastidores de cráneos de víctimas sacrificiales.

Los aztecas

El arte y la arquitectura ostentosos de los aztecas se utilizaron como propaganda para ejercer dominio político y cultural sobre las regiones conquistadas. Los mitos aztecas los describen como nómadas errantes de los desiertos del noroeste que entraron en el Valle de México como una pizarra cultural en blanco. Las descripciones de Aztlán, su mítica isla de origen, hablan de su belleza natural, no de su arquitectura o arte. El arte y la arquitectura azteca fueron una mezcolanza de influencias, principalmente de los toltecas, teotihuacanos y mixtecos. Trajeron artesanos mixtecos y zapotecos a Tenochtitlan y se apropiaron de estilos de otros mesoamericanos. Las esculturas, los murales y la arquitectura de la ciudad eran una mezcla incongruente de estilos.

Al igual que los mixtecos, los aztecas construyeron bibliotecas de códices o libros ilustrados sobre historia, religión y asuntos administrativos, como el pago de tributos. Utilizaron papel amate hecho del árbol Ficus, con 480.000 hojas de papel proporcionadas como pago anual de tributo por cuarenta pueblos de la zona de Morelos. El arte de los códices no era tan complejo como el de los códices mixtecos, pero ambos tenían obras de arte más representativas que realistas.

La comunidad de artistas mixtecos en Tenochtitlan produjo exquisitos colgantes, aretes y otras joyas de jade, turquesa, amatista y oro. También crearon impresionantes esculturas de mosaico, como una serpiente de dos cabezas tallada en cedro y cubierta de escamas de turquesa con una boca y nariz escarlata de la ostra espinosa Spondylus. Sus relucientes colmillos blancos fueron cortados de caracolas. Los aztecas tenían varios dioses serpiente, como la Serpiente de Fuego, la Serpiente Emplumada y la Serpiente Nima. Esta escultura era probablemente Xiuhcóatl, la Serpiente de Fuego (o Serpiente Turquesa).

Mosaico turquesa serpiente bicéfala
Museo Británico, CC BY-SA 4.0 <https://creativecommons.org/licenses/by-sa/4.0>, vía Wikimedia Commons; https://commons.wikimedia.org/wiki/File:Double_headed_turquoise_serpentAztecbritish_museum.jpg

A la nobleza y a los sacerdotes aztecas les encantaba cubrirse con ropas de plumas y tocados. Sus plumas favoritas eran de las aves quetzal verde esmeralda y roja de la selva tropical. Moctezuma II tenía un zoológico y jardines botánicos a las afueras de Tenochtitlan, donde los flamencos y otras aves de colores brillantes producían plumas. Los artesanos de plumas, que tenían un vecindario designado en Tenochtitlan, también crearon llamativos mosaicos a partir de piezas de plumas.

Puntos clave:
- Olmecas: Cabezas colosales, hombre-jaguar, máscaras de jaguar, pinturas rupestres
- Maya
  - Pigmento brillante para pintura formada por reacción química
  - Arquitectura: calzadas, agrupación de pirámides, ciudades que representan glifos desde arriba
- Zapotecas
  - Tumbas elaboradas con grupos de máscaras funerarias
  - Edificio de punta de flecha apuntando a la estrella Capella
- Teotihuacan
  - Obras de arte impersonales y repetitivas, que promueven el igualitarismo

- Arquitectura Talud-tablero en pirámides
- Mixtecos: maestros orfebres reconocidos por su exquisito arte
- Toltecas: chacmool y relieve mural de serpientes devorando esqueletos humanos
- Aztecas
  - Se apropió de estilos de otras culturas, especialmente tolteca y mixteca
  - Utilizó 480,000 hojas de papel de Morelos para códices pictóricos y registros
  - Ropa de plumas y mosaicos

Capítulo 14: Ciudades antiguas

Espectaculares recordatorios de las grandes civilizaciones cubren el paisaje de México, y la tecnología lidar continúa localizando las ruinas de grandes ciudades en las selvas tropicales del sur. La mayoría de estos yacimientos arqueológicos aún están siendo excavados y analizados, y nuevos e intrigantes secretos salen a la luz. México tiene una colección diversa de impresionantes ciudades antiguas, así que exploremos varias ciudades mayas notables y la ciudad multiétnica de Teotihuacán.

Ek' Balam

Una de las primeras ciudades de México, Ek' Balam, fue fundada alrededor del año 300 a. C. cerca de la parte superior de la península de Yucatán. Su nombre significa Jaguar Negro o Estrella Jaguar. La ciudad tenía una larga historia, pero declinó drásticamente en la época del Posclásico. En el apogeo de su poder a finales del Clásico, fue la capital del Reino de Talo, recibiendo tributos de la región circundante, con caminos que conducían en todas direcciones.

La ciudad cubría unos diez kilómetros cuadrados, con murallas defensivas que rodeaban más de cuarenta estructuras de templos y residencias de élite en el centro de la ciudad. Los centros religiosos y administrativos se encontraban en dos plazas en un eje norte-sur. Más de cuarenta inscripciones fueron talladas o pintadas en las paredes, dando información histórica sobre sus gobernantes en los siglos VIII y IX. El enorme "Palacio Oval" tiene paredes redondeadas, una característica única de tres ciudades mayas en la península de Yucatán (las otras dos son Tulum y Chichén Itzá). Dado que solo se ha excavado una fracción de la ciudad, los nuevos descubrimientos arrojarán más luz sobre la historia de la ciudad.

"Ángeles" o guerreros alados en la ornamentada tumba de Ukit Kan Le'k Tok
Photo modified: zoomed in. Credit: Dennis Jarvis from Halifax, Canada, CC BY-SA 2.0
<https://creativecommons.org/licenses/by-sa/2.0>, via Wikimedia Commons; https://commons.wikimedia.org/wiki/File:Mexico-6147_-_Mayan_Angels_-_I_don%27t_think_so..._(4669701256).jpg

El primer rey de Ek' Balam mencionado en las inscripciones fue Ukit Kan Le'k Tok, que gobernó de 770 a 801 d. C. Construyó la extravagante "acrópolis", que tenía 90 pies de alto y 480 pies de largo, con escaleras que conducían a sus seis pisos. Dentro de su cuarto nivel se encuentra su tumba bien conservada detrás de un intrincado friso, asentada dentro de los colosales colmillos de una boca abierta de jaguar. La elaborada fachada de estuco presenta motivos geométricos y guerreros alados únicos con forma de ángel. Los estudiosos debaten el misterio de estos hombres alados, que no se ven en ningún otro lugar de Mesoamérica. ¿Qué representan?

Teotihuacan

Un estupendo imperio político y comercial, Teotihuacán se estableció casi al mismo tiempo que Ek' Balam y alcanzó su cenit a principios de la era Clásica. Sus impresionantes ruinas capturaron la imaginación de los aztecas y todavía sorprenden a los turistas hoy en día. Teotihuacán era la capital de todo el Valle de México y controlaba el comercio desde la costa del Golfo hasta el océano Pacífico y hasta América Central. Su cultura impactó en la mayor parte del centro y sur de México, con su arquitectura y arte distintivos que se ven en Guatemala, Honduras y Belice.

Como metrópolis cosmopolita con múltiples etnias alojadas en más de dos mil complejos de apartamentos, Teotihuacán tenía una diversidad cultural y social sin precedentes. El registro arqueológico muestra que los pueblos de la Costa del Golfo, mayas, oaxaqueños y otros inmigrantes mantuvieron su identidad cultural, aunque con algunos ajustes. Las diversas etnias mantuvieron fuertes vínculos con sus países de origen, lo que reforzó el monopolio comercial de Teotihuacán.

Teotihuacán pasó por varias fases de agitación religiosa y política. No existe evidencia arqueológica de sacrificios humanos durante sus primeros siglos, al menos no a gran escala o como un ritual estatal. El primer sacrificio humano conocido fue en la dedicación de la Pirámide de la Serpiente Emplumada, donde se sacrificaron unas doscientas personas entre los años 150 y 200 d. C.

Las primeras capas de la Pirámide de la Luna no mostraban sacrificios humanos, pero un pequeño número de humanos fueron sacrificados durante las renovaciones, que tuvieron lugar alrededor del año 250 d. C. Casi al mismo tiempo, las víctimas de sacrificios de niños eran enterradas bajo la Pirámide del Sol en cada nivel. Una masacre a gran escala o sacrificio humano de inmigrantes mayas ocurrió en la céntrica Plaza de las Columnas alrededor del año 350 d. C. Después de esto, los sacrificios humanos parecen haber disminuido o terminado a nivel estatal, ya que no se han encontrado más víctimas sacrificiales en el registro arqueológico.

Guerrero alfarero teotihuacano
Gary Todd, CC0, vía Wikimedia Commons;
https://commons.wikimedia.org/wiki/File:Teotihuacan_Pottery_Warrior_Figure.jpg

Además de las tres grandes pirámides que bordeaban el corredor principal, que los aztecas llamaban la Avenida de los Muertos, el palacio de Xalla tenía una gran pirámide rodeada por cuatro pirámides más pequeñas. Las pirámides más pequeñas estaban dedicadas al dios de la lluvia, al dios de la montaña, a la diosa del agua y al dios del fuego. Brillantes murales adornaban las paredes del palacio; sin embargo, se incendió alrededor del año 550 d. C. en la revuelta que significó el comienzo del colapso de Teotihuacán.

Chichén Itzá

A medida que Teotihuacán declinaba, la ciudad maya de Chichén Itzá surgió en la península de Yucatán, a unos cuarenta kilómetros al suroeste de Ek' Balam. Su variedad de estilos arquitectónicos sugiere una población multicultural, similar a la teotihuacana. Es posible que haya recibido migrantes de las ciudades teotihuacanas y mayas una vez que declinaron a finales del Clásico. Su registro arqueológico y la leyenda del sacerdote Zamná apuntan a una clara influencia tolteca a través de varias oleadas de inmigrantes.

Chichén Itzá alcanzó su apogeo entre los años 900 y 1.000 d. C. como capital política del centro y norte de Yucatán. Su vasto imperio comercial se extendía hasta el centro de México y hasta el sur de Centroamérica a través de su puerto de Isla Cerritos, en la costa norte de Yucatán. Chichén Itzá experimentó dos períodos distintos de crecimiento. La primera fue principalmente la arquitectura maya de 800 a 1.000, seguida de un colapso parcial debido a una severa sequía de cien años. A medida que se reanudaron las lluvias y los toltecas emigraron, continuó una segunda ola de construcción, que duró de 1.100 a 1.200.

En 1.527, España intentó conquistar Yucatán. Los mayas derrotaron y destruyeron brutalmente a la mayoría de las fuerzas españolas en la primera campaña. En 1.532, los españoles intentaron hacerse con el control del centro de Yucatán derrotando a Chichén Itzá. Inicialmente tuvieron éxito, pero los mayas lanzaron un contraataque en cuestión de meses, expulsando a la mayoría de los españoles de la península en 1.535. Tendrían que pasar otros cincuenta años para que los españoles se apoderaran de Yucatán, y sólo entonces porque tres epidemias habían matado a la mitad de la población maya.[45]

Xochicalco

Sesenta millas al suroeste de la actual Ciudad de México, Xochicalco ascendió al poder a medida que Teotihuacán se desvanecía, creciendo a una población de unos veinte mil habitantes. Aunque un asentamiento había existido durante siglos, se convirtió en una ciudad cuando los mayas Olmeca-Xicalanca de Campeche llegaron alrededor del año 650 d. C. Algunos teotihuacanos probablemente emigraron a Xochicalco, ya que su arquitectura presenta una mezcla maya y teotihuacana con un poco de influencia zapoteca y de la costa del Golfo.

El pueblo xochicalco mantuvo la precisión de su calendario haciendo un agujero en una cueva en la ladera a través de la cual el sol brillaba directamente en el suelo dos veces al año, a mediados de mayo y finales de julio. La Pirámide de las Serpientes Emplumadas presentaba paredes de talud-tablero suavemente inclinadas que rodeaban un patio al aire libre en lugar de llegar a una cima. Toda la superficie exterior de las paredes está cubierta de fascinantes tallas de serpientes emplumadas que se retuercen enroscándose alrededor de los sacerdotes de los "Señores del Tiempo" con las piernas cruzadas.

---

[45] Georges Frey, "La conquista sin fin de Yucatán", *Arqueología Popular*, 14 de enero de 2022.

Los sacerdotes se sientan dentro de las ondulantes espirales de la Serpiente Emplumada en la pirámide de Xochicalco
Arian Zwegers de Bruselas, Bélgica, CC BY 2.0 <https://creativecommons.org/licenses/by/2.0>, vía Wikimedia Commons;
https://commons.wikimedia.org/wiki/File:Xochicalco,_Temple_of_the_Feathered_Serpent,_Maya_ruler_(20498593528).jpg

La ciudad en la cima de la colina era una obra maestra arquitectónica con muros de contención y terrazas que creaban plataformas unidas por escaleras y rampas. Los muros defensivos rodeaban la zona residencial inferior, mientras que el nivel medio contaba con un mercado, un juego de pelota, un palacio y residencias de élite. En la cima de la colina había templos, pirámides, otro juego de pelota y una gran cisterna de agua de lluvia. Los saqueadores saquearon y quemaron Xochicalco alrededor del año 900 d. C. a pesar de su formidable sistema de defensa. Tres siglos más tarde, los tlahuica-aztecas reasentaron la ciudad como un lucrativo centro de cultivo de algodón y producción de papel.

Uxmal

Uxmal (que significa construida tres veces) fue otra ciudad maya de Yucatán en la región Puuc (colina) a unos cien kilómetros al oeste de su ciudad hermana, Chichén Itzá. Fue construida en el año 500 d. C. por la longeva dinastía Xiu y era la ciudad más poderosa del occidente de Yucatán en el año 850, que fue cuando se erigieron la mayoría de sus edificios monumentales. El conflicto con los toltecas que emigraron a la región, agravado por la gran sequía, resultó en el declive de Uxmal alrededor del año 1.100. La dinastía Xiu se trasladó a Maní, a unos veinticinco kilómetros al este.

Los mayas construyeron Uxmal para alinearse con la salida y puesta de Venus en fechas auspiciosas del calendario. Al igual que Xochicalco, los arquitectos de la ciudad tuvieron que lidiar con un terreno montañoso. Los principales edificios ceremoniales tenían dos pisos. La primera capa estaba salpicada de puertas con esculturas del dios de la lluvia Chaac sobre ellas. Lujosas tallas y mosaicos de piedra cubrían la segunda capa, con más imágenes de Chaac en las esquinas.

El centro ceremonial de Uxmal ha sobrevivido en buenas condiciones durante más de un milenio gracias a sus piedras cortadas con mortero de concreto. La Pirámide del Mago de Uxmal tiene lados redondeados en lugar de esquinas afiladas y fue probablemente el edificio ceremonial más antiguo, construido alrededor del año 500 d. C. y ampliado a lo largo de los años. ¿De dónde viene su nombre? Una leyenda dice que el dios mago Itzamná lo erigió en una noche. Otra historia es que un enano que nació de un huevo construyó la pirámide de la noche a la mañana gracias a la brujería de su madre y se convirtió en el nuevo rey de Uxmal.

Tulum

Tulum se encuentra en un acantilado con vista al mar Caribe en el actual estado de Quintana Roo. Fue la última ciudad construida por los mayas de Yucatán, con los edificios supervivientes construidos entre 1200 y 1400 d. C., aunque una estela y el Edificio Cincuenta y nueve datan de la época Clásica. El Edificio Cincuenta y Nueve, el Templo de Nauyaca, es un modesto santuario de una sola planta fuera de las murallas de la ciudad y cerca de la costa. Podría haber servido como centro ceremonial para las aldeas de la región antes de la construcción de la ciudad.

La gente de Tulum adoraba a Ah Muzen Cab, el dios descendente o buceador (o el dios abeja). Su imagen está tallada en muchos de los edificios ceremoniales de la ciudad. La ubicación costera de Tulum lo convirtió en un poderoso competidor en el comercio marítimo, especialmente con obsidiana. Elevándose a cuarenta pies sobre el mar, esta fue una de las ciudades que asombró a los primeros exploradores españoles que aún no habían visto grandes edificios y ciudades complejas en el Nuevo Mundo.

El Castillo en Tulum
Amber Funderburk Vyn, CC BY-SA 4.0 <https://creativecommons.org/licenses/by-sa/4.0>, vía Wikimedia Commons; https://commons.wikimedia.org/wiki/File:CastilloTulum.jpg

Las partes de Tulum que no estaban protegidas por los escarpados acantilados que caían al mar estaban rodeadas por una muralla defensiva de doce pies de altura y dos pies de espesor con torres de vigilancia en las esquinas occidentales. Un sumidero en un cenote proporcionaba agua potable. La estructura de El Castillo sirvió como templo a la Serpiente Emplumada, con tallas de la deidad adornando los dinteles. También servía como guía de navegación para las canoas que llegaban a su concurrido puerto comercial, marcando una ruptura en el arrecife y un lugar donde una suave pendiente conducía a la ciudad entre los escarpados acantilados. Pequeños fuegos en las ventanas del lado que da al mar iluminaban el camino a los comerciantes marítimos que llegaban por la noche.

Puntos clave:

- Ek' Balam
    - longeva ciudad maya cerca de la parte superior de la península de Yucatán; capital del Reino de Talol
    - Conocido por sus exquisitas tallas en relieve de estuco (incluidos guerreros alados) en una tumba
- Teotihuacan
    - Imperio político sobre el Valle de México; imperio comercial que se extiende a Centroamérica
    - Sacrificios humanos a nivel estatal desde el año 150 hasta el 350 d. C.
- Chichén Itzá
    - Población multicultural y vasto imperio comercial
    - Enfrascado en una larga guerra contra los españoles
- Xochicalco
    - Una mezcla de influencia arquitectónica maya y teotihuacana en la ciudad en la cima de la colina
    - Cayó en manos de los invasores alrededor del año 900 d. C., reasentada en el año 1200 por los aztecas
- Uxmal
    - Construido y gobernado por la dinastía Xiu; declinó después de la llegada de los toltecas
    - La leyenda dice que la Pirámide del Mago fue construida en una noche
- Tulum
    - Última ciudad construida por los mayas de Yucatán (entre 1.200 y 1.400 d. C.)
    - Centro comercial costero, con el templo de El Castillo como guía de navegación

Capítulo 15: Mitología y cosmología antiguas

¿Cómo impactó la mitología y la cosmología del México antiguo en su historia, arte y arquitectura? Este capítulo explorará la comprensión mesoamericana de la naturaleza del universo y cómo eso influyó en su sistema de creencias. La gente del antiguo México creía que los dioses y otros seres sobrenaturales estaban entrelazados con su vida cotidiana. Exploremos sus mitos, lo que sus emblemas revelaron sobre su cosmología, algunos rituales importantes y su comprensión de las estrellas, los planetas y los eclipses.

Los antiguos mexicanos creían en criaturas mitológicas que vivían junto a los humanos y podían traer el bien o el mal a su camino. Por ejemplo, los mayas de Yucatán creían en duendes parecidos a duendes llamados Aluxo'ob. Por lo general, eran invisibles, pero si la gente los veía, parecían mayas en miniatura del tamaño de un niño de cuatro años y llevaban un taparrabos. Si los mayas escuchaban ruidos extraños por la noche, especialmente si acababan de comprar un nuevo terreno o vivían en una casa nueva, decían que era un Alux el que estaba perturbado por los cambios. Los mayas también creían que el Aluxo'ob podía causar fiebre y otros problemas de salud.

Sin embargo, los mayas pensaban que los Aluxo'ob beneficiaban principalmente a los humanos porque ayudaban a las personas a vivir en armonía con la naturaleza. El dios creador, Junab K'uj, dio a los humanos la mayordomía de la naturaleza como su responsabilidad. Después de la muerte, las personas solo podían llegar al cielo desde el inframundo si tenían una relación adecuada con la naturaleza en su vida. Los Aluxo'ob protegían los campos y también vivían en las selvas y cuevas.

Cuando la gente respetaba a los Aluxo'ob y les daba ofrendas, los duendes los protegían. Si un granjero construía una casita en sus campos, un Alux se mudaba y cuidaba de sus tierras. Ahuyentaba a los animales o a los humanos que robaban las cosechas y garantizaba abundantes lluvias. Pero al cabo de siete años, el Alux se volvía loco, causando todo tipo de travesuras, por lo que el granjero tenía que encerrarlo dentro de la casita.

Los chiapanecos creían que gigantescos monstruos parecidos a jaguares con barbas largas y blancas llamados Dzulum se aprovechaban de las mujeres, por lo que dependían de los Balam para protegerlos. Los Balam eran panteras negras que cambiaban de forma y que protegían los cuatro puntos de una aldea. Aunque mágicos, los Balam eran mortales, al igual que los Dzulum. Los monos también eran útiles para ahuyentar a los monstruos Dzulum, ya que aullaban y acosaban a las criaturas hasta que se iban.

Los nahuales (o naguales) eran humanos con la habilidad única de cambiar de forma, aunque solo podían convertirse en otro animal, no en múltiples tipos de criaturas. Los mesoamericanos creían que cada persona tenía un animal "tonal" intrincadamente conectado a ellos que podía darles poderes especiales (el bien y el mal) y una visión de las cosas espirituales. Las personas necesitaban un entrenamiento especial para aprender a cambiar de forma y, por lo general, usaban hongos mágicos u otros alucinógenos para desbloquear sus poderes.

Según el Códice Florentino, los aztecas creían que el atotolin, el pelícano blanco, gobernaba al resto de las aves. Si una persona intentaba matar a un pelícano blanco, flotaba en medio del lago, lo que le daba cuatro días para intentar dispararle. Al atardecer del cuarto día, el pelícano gritaba, llamando al viento, y el agua formaba espuma mientras todos los pelícanos graznaban y batían sus alas. Los brazos del humano se congelaron, por lo que no pudo amarrar su bote, y el agua lo absorbería, ahogándolo. Si una persona lograba disparar a un pelícano blanco en los primeros cuatro días, abría el estómago del ave e inspeccionaba la molleja. Si el cazador encontraba una piedra de jade o plumas preciosas, significaba que tendría buena fortuna, pero si encontraba un trozo de carbón, significaba que moriría.

En la mitología azteca, Cipactli era un demonio marino primordial, algo así como un cocodrilo con múltiples bocas, pero también era en parte pez y en parte sapo. El mito de Cipactli precedió a los aztecas, ya que los mayas y los olmecas también creían en una deidad cocodrilo. Los dioses que crearon a Cipactli se dieron cuenta de que devoraría al resto de la creación con su apetito insaciable, por lo que Tezcatlipoca y Quetzalcóatl lo atraparon, aunque se comió el pie de Tezcatlipoca. Cortaron a la criatura en pedazos, formando los cielos de su cabeza, la tierra de su sección media y el inframundo de su cola.

Quetzalcóatl y Tezcatlipoca del Códice Borbónico
https://commons.wikimedia.org/wiki/File:Quetzalcoatl_and_Tezcatlipoca.jpg

Los aztecas y la mayoría de los antiguos mesoamericanos creían que el mundo estaba en completa oscuridad en el principio y estaba cubierto por el agua. El dios y la diosa Tonacatecuhtli (Padre del Cielo) y Tonacacihuatl (Madre Tierra), que ocupaban el primer lugar en el calendario, crearon todo lo demás: las estrellas, las montañas, los animales y los demás dioses. Pero su primer intento de crear la tierra fracasó, ya que el sol era demasiado débil, por lo que el dios Tezcatlipoca se convirtió en el sol. Pero su hermano Quetzalcóatl se puso celoso y lo derribó del cielo, acabando con el primer mundo.

En la segunda creación, Quetzalcóatl era el sol, pero Tezcatlipoca se vengó volando a toda la gente de la tierra y a Quetzalcóatl del cielo. La tercera vez, Tláloc, el dios de la lluvia, se convirtió en el sol, pero Quetzalcóatl volvió a ponerse celoso y quemó la tierra y el sol. Los humanos supervivientes se convirtieron en pavos. La esposa de Tláloc, Chalchiuhtlicue, reinaba como el sol en el cuarto mundo. Desafortunadamente, todo lo que sabía hacer era hacer llover, por lo que ahogó a todos los pavos y cubrió el mundo con una gran inundación. Incluso las montañas estaban bajo el agua.

Los dioses se reunieron en Teotihuacán, que los aztecas creían que era donde nacieron los dioses. Los celos y la insensatez habían destruido las primeras cuatro edades: tierra, viento, fuego y agua. Quetzalcóatl y Tezcatlipoca se avergonzaron de cómo habían arruinado el mundo varias veces y prometieron no estropear las cosas en el quinto mundo. Empujaron el cielo hacia arriba, separándolo de la tierra de abajo. Mientras los dioses se sentaban alrededor de una gran hoguera, decidieron que uno de ellos tendría que saltar a la hoguera para convertirse en el próximo sol. El apuesto dios Tecciztecatl se ofreció como voluntario, pero no pudo armarse de valor para saltar al fuego. Lo intentó cuatro veces, pero se detuvo en el último minuto.

El dios más pequeño y feo, Nanahuatl, miraba exasperado. De repente corrió hacia adelante y saltó a las llamas. Después de unos minutos, una luz brillante iluminó el cielo. Era Nanahuatl, ahora Tonatiuh, el sol del quinto mundo. Tecciztecatl estaba disgustado consigo mismo por haber dejado que el humilde dios Nanahuatl lo eclipsara. Saltó al fuego y todos miraron hacia arriba para ver dos soles. Uno de los dioses pensó que esto era inapropiado, por lo que lanzó un conejo hacia el tecciztecatl, atenuando su luz para que se convirtiera en la luna con la imagen de un conejo en ella.

El Códice Chimalpopoca habla de la gran inundación que cubrió las montañas del cuarto mundo cuando Chalchiuhtlicue estaba haciendo llover tanto. Antes de que sucediera, el dios Tezcatlipoca advirtió a un hombre y a su esposa, Nata (o Tata) y Nena, que ahuecaran un tronco de ciprés gigante y entraran en él cuando las aguas comenzaran a subir. Les dijo que tomaran mazorcas de maíz, pero que no comieran nada más. Pero cuando las aguas se retiraron, había pescado por todas partes, que Nata y Nena asaron y comieron. Cuando Tezcatlipoca olió el humo, bajó a verlos comiendo el pescado después de decirles que solo comieran maíz. Convirtió a la pareja en dos perros.

Una vez que los dioses comenzaron con éxito el quinto mundo con el nuevo sol y la luna, necesitaban recrear a los humanos. Quetzalcóatl partió hacia el Mictlán, el inframundo azteca, para traer de vuelta algunos de los huesos de los primeros humanos, muchos de los cuales habían muerto a causa de sus celos diabólicos. Los aztecas consideraban que los huesos eran el equivalente a las semillas, lo que significaba que podían cultivar nuevas personas. Iba con su hermano Xólotl, el lucero de la tarde, que conocía el camino de Mictlán, mientras que Quetzalcóatl, el lucero de la mañana, conocía el camino de regreso.

Los hermanos se acercaron cautelosamente a Mictlantecuhtli, el Señor de los Muertos, sentado en su trono rodeado de huesos, arañas y búhos. Quetzalcóatl cortésmente pidió algunos huesos, pero Mictlantecuhtli no estaba dispuesto hasta que Quetzalcóatl le explicó que solo los estaba tomando prestados. Dado que los humanos eran mortales, los huesos regresarían al inframundo cuando las personas murieran. El Señor de la Muerte pareció dar permiso, pero al salir, Quetzalcóatl cayó en un pozo que el taimado Mictlantecuhtli había preparado para atraparlo. Los huesos se hicieron añicos, pero Quetzalcóatl los metió rápidamente en su bolsa y salió corriendo. Él y los otros dioses se apuñalaron a sí mismos y rociaron su sangre sobre los huesos en penitencia por sus pecados que habían destruido los mundos anteriores. Los huesos fueron resucitados, pero debido a que estaban rotos, los nuevos humanos vinieron en todas las formas y tamaños.

Una réplica de la Piedra del Sol pintada en sus colores originales
en:Usuario:Ancheta Wis, CC BY-SA 2.5 <https://creativecommons.org/licenses/by-sa/2.5>, vía Wikimedia Commons;
https://commons.wikimedia.org/wiki/File:Aztec_Sun_Stone_Replica_cropped.jpg

Las diversas civilizaciones del México antiguo tenían emblemas clave que representaban su concepto de cosmología. Un ejemplo es la Piedra del Sol Azteca, una piedra circular de doce pies de ancho con tallas que representan la cosmología mexica-azteca. A veces llamada la Piedra del Calendario, tiene rayos como el sol que irradian con una cara espantosa con una lengua que sobresale en el centro. En lugar de manos, la criatura tiene garras a cada lado. Aunque los eruditos debaten quién es, la mayoría cree que es el dios del sol Tonatiuh. El disco representa el concepto azteca del origen del cosmos: los cinco "soles" o eras del mundo antes de que los dioses finalmente lo lograran. Tonatiuh, el sol del quinto mundo, está en el centro del disco, rodeado por cuatro imágenes que representan los cuatro mundos anteriores.

Una implicación de la Piedra del Sol es que los dioses Tonatiuh y Tecciztecatl se sacrificaron voluntariamente para convertirse en el sol y la luna. Por lo tanto, los humanos deben alimentar voluntariamente a los dioses sacrificándose a sí mismos. Alrededor del rostro de Tonatiuh y los símbolos que representan los mundos anteriores hay una banda de glifos que representan los veinte días de un mes del calendario azteca. En la parte inferior del disco hay dos serpientes de fuego enfrentadas, que representan el tiempo.

Los mayas adoraban a muchos de los mismos dioses (con diferentes nombres) que adoraban los teotihuacanos, toltecas, aztecas y otras civilizaciones. También creían en el animismo, el concepto de que los animales, las plantas e incluso las cosas inanimadas como las rocas tenían un espíritu. Por lo tanto, todo en la naturaleza era sagrado para ellos. Los mayas creían que el mundo era un cuadrado plano y que cuatro dioses en cada esquina vigilaban la tierra y la protegían.

Las trece capas del cielo estaban por encima de la tierra, y por debajo de la tierra estaba Xibalbá, nueve capas de frío e infelicidad. Los muertos tenían que abrirse camino a través de cada capa antes de llegar a los cielos. Sin embargo, las mujeres que morían en el parto o las personas que eran sacrificios humanos iban directamente al cielo. Todos los demás tenían que seguir las raíces del sagrado Árbol de la Vida hasta sus ramas que se extendían en los cielos. Los dioses también usaban el Árbol de la Vida para viajar de los cielos a la tierra y al inframundo y viceversa, representando el ciclo interminable de la vida.

Los aztecas tenían un concepto similar de los cielos y el inframundo, pero creían que los guerreros muertos en batalla iban directamente al paraíso oriental, donde descansaban y se recuperaban durante cuatro años. Después de eso, se reencarnaron como mariposas, águilas , colibríes o búhos. Creían que las personas discapacitadas, los leprosos, las personas alcanzadas por un rayo y las personas que se ahogaban iban directamente al nivel más bajo del cielo. Esto podría haber aliviado sus conciencias cuando ahogaron a los bebés como sacrificios a Tláloc.

Sacerdotes mayas elaboradamente vestidos realizan rituales en este fresco de Bonampak
Foto ampliada. Crédito: Gary Todd de Xinzheng, China, CC0, vía Wikimedia Commons;
https://commons.wikimedia.org/wiki/File:Maya_Temple_of_the_Frescoes,_Bonampak,_Murals_C opied_by_Artist_Rina_Lazo_(9758814221).jpg

Los sacerdotes se vestían con elaborados trajes en las fiestas religiosas cada veinte días en el calendario sagrado de los mayas y otros mesoamericanos. Las pinturas de los trajes del festival se pueden ver en el arte de Teotihuacán, en los códices mixtecos y en las obras de arte de los mayas, aztecas y otros grupos. Una vez ataviados con sus tocados, máscaras y ropas decoradas con plumas, conchas y placas corporales, su apariencia se transformaba en deidades, animales o personajes históricos famosos. Representaban obras simbólicas, ilustrando la cosmología asociada con el festival.

Cada veinte años, los mayas observaban la ceremonia K'atun de inscribir los eventos de las últimas dos décadas, como los reyes y las guerras, en un pilar o losa de piedra (estela). Este ritual ha proporcionado información invaluable que nos da una idea de la historia maya de hace siglos. Otro ritual maya involucraba espejos, que creían que eran un portal al inframundo. Los mayas, especialmente atrevidos, usaban espejos para comunicarse con los demonios, una práctica arriesgada que, según ellos, podría haber terminado con ellos siendo arrebatados al inframundo.

Los mayas y otros mesoamericanos observaron cuidadosamente el cielo nocturno, registrando los eclipses lunares y solares y el movimiento de Venus. Los toltecas relacionaron a la deidad serpiente emplumada Quetzalcóatl con Venus, y los mixtecos lo asociaron con Mercurio. Los mixtecos asociaban a sus diosas de las flores y los cocodrilos con los eclipses, pero también conectaban a la diosa cocodrilo con la luna, como hacían los mayas y los aztecas. Su comprensión de la astrología y la astronomía guio sus decisiones y estilos de vida.

Puntos clave:
- Criaturas sobrenaturales
    - Aluxo'ob: duendes que ayudaban a preservar el equilibrio de la naturaleza, pero que podían ser traviesos
    - Dzulum: monstruo jaguar barbudo; el Balam (pantera) y los monos se protegían de ellos
    - Nahual: humanos que podían transformarse en su animal espiritual
    - Atotolina: pelícanos blancos; Los cazadores usaban sus mollejas para adivinar
    - Cipactli: demonio marino primordial parecido a un cocodrilo que amenazaba con consumirlo todo
- Mito de la creación
    - Mundo originalmente en la oscuridad cubierto por el agua
    - Los dioses destruyeron los primeros cuatro soles por celos y luchas internas
    - Un humilde dios saltó a una hoguera, creando el quinto mundo (el mundo de hoy)
    - Quetzalcóatl trajo huesos del inframundo para crear nuevos humanos
- Mito del diluvio en el Códice Chimalpopoca
    - El diluvio cubrió las montañas, pero Tezcatlipoca advirtió a un hombre y a una mujer que se salvaran en un tronco
    - Ellos lo desobedecieron y comieron pescado, así que los convirtió en perros

- Piedra del Sol Azteca: representó la creación de los primeros cinco mundos y el tiempo
- Capas del cielo y el inframundo con el Árbol de la Vida conectándolas con la tierra
- Fiestas religiosas cada veinte días; Sacerdotes disfrazados representaban creencias cosmológicas
- La astronomía y la astrología eran importantes, ya que los dioses se asociaban con las estrellas y los eclipses

Capítulo 16: Cultura y legado de la antigua México

La cultura del México antiguo era una rica variedad de arte, arquitectura, lenguaje escrito y creencias religiosas. Si bien cada civilización tuvo contribuciones únicas, todas compartían ciertos aspectos culturales. Estas costumbres y valores compartidos fluyeron de una cadena de legado que comenzó con los olmecas y otras culturas más antiguas, impactando posteriormente en las culturas posteriores. Las sólidas relaciones comerciales entre civilizaciones condujeron a un intercambio de arquitectura, arte y religión.

¿Cómo se vinculan el arte y la arquitectura con el desarrollo cultural? En el México antiguo, el arte expresaba la cosmología de la gente y su comprensión de lo sobrenatural. La arquitectura transmitía temas religiosos y políticos, y el arte y la arquitectura seguían los acontecimientos históricos y las perspectivas culturales. En ciudades como Teotihuacán, prácticamente sin historia literaria, confiamos en su arte y arquitectura como un vistazo a su sociedad, política, creencias religiosas y los cambios que sacudieron la ciudad. Incluso con una historia escrita, como los mixtecos o los aztecas, el arte nos da una comprensión más profunda de cómo era la vida de la gente común, no solo de los gobernantes, sacerdotes y guerreros.

El arte y la arquitectura también pueden ser utilizados como propaganda para moldear la opinión pública e iniciar cambios sociales, políticos y religiosos. Por ejemplo, nunca vemos representaciones artísticas de personas inclinándose ante sus reyes en Teotihuacán. Los teotihuacanos no glorificaron a sus gobernantes a través del arte. Pintaron murales y tallaron imágenes de sus deidades, y vemos numerosos ejemplos de sacerdotes que ofrecían sacrificios a los dioses. Pero la mayoría de las pinturas de guerreros o gente común muestran poca distinción, casi como imágenes repetitivas en papel tapiz.

La arquitectura teotihuacana también parecía transmitir un mensaje. La ciudad tenía enormes pirámides de varios dioses en su centro, pero la mayor parte de la metrópolis consistía en más de dos mil complejos de apartamentos, relativamente iguales en diseño. A partir de esto, los arqueólogos deducen que, al menos durante parte de su historia, Teotihuacán promovió una sociedad colectiva dirigida por un consejo en lugar de un sistema jerárquico gobernado por un rey. La igualdad entre los individuos fue promovida en el arte y la arquitectura teotihuacana.

Los aztecas también utilizaron la arquitectura para la propaganda política y religiosa. A medida que conquistaban nuevos territorios, extendiendo su imperio desde el océano Pacífico hasta la costa del Golfo, permitieron que sus nuevos súbditos continuaran adorando a sus deidades tradicionales. Sin embargo, tenían que honrar a la deidad principal azteca, Huitzilopochtli, como la deidad más alta. Para enfatizar esto, los aztecas construyeron majestuosos templos a Huitzilopochtli, dios del sol y la guerra, en las cimas de las montañas y en los centros urbanos de sus nuevos territorios.

Además, los aztecas utilizaron el arte y la arquitectura en su capital de Tenochtitlan para promover el culto a Huitzilopochtli y contar su historia. La pirámide más alta de Tenochtitlan era el Templo Mayor, que simbolizaba el Monte Coatepec, la colina en medio de su isla ancestral de Aztlán. Según el mito azteca, cuando los hermanos de Huitzilopochtli descubrieron que su madre estaba embarazada de él, sus cuatrocientos hermanos, liderados por su hermana Coyolxauhqui, la atacaron.

Huitzilopochtli salió a borbotones del vientre de su madre, completamente desarrollado, y le cortó la cabeza a su hermana. Su cuerpo cayó al pie de la colina, rompiéndose en pedazos, mientras Huitzilopochtli mataba a sus hermanos y se comía sus corazones. En 1978, se descubrió una enorme piedra al pie de las escaleras del Templo Mayor, que representaba a Coyolxauhqui con la cabeza y las extremidades cortadas de su cuerpo. Con más de tres metros de diámetro, la ubicación de la piedra en la parte inferior de la maqueta del cerro Coatepec simbolizaba la historia de su espantoso final a manos de su hermano.

El cuerpo desmembrado de Coyolxauhqui en una réplica de la piedra del Templo Mayor
Fotografía de Mike Peel (www.mikepeel.net)., CC BY-SA 4.0
<*https://creativecommons.org/licenses/by-sa/4.0*>, *vía Wikimedia Commons;*
https://commons.wikimedia.org/wiki/File:Templo_Mayor_2015_007.jpg

Las civilizaciones del México antiguo no surgieron y se desarrollaron en el vacío. Heredaron un rico legado de las culturas que los precedieron, e incluso las civilizaciones complejas más antiguas interactuaron con otras culturas. Esta cadena de legado comenzó en lugares como la cueva de Guilá Naquitz, cerca de Mitla, en el valle de Oaxaca, donde la agricultura sofisticada comenzó en México alrededor del año 6000 a. C. La cueva contenía semillas de calabaza, maíz y frijol, que componían el sistema de siembra de las Tres Hermanas que se extendió por todo México y el resto de América del Norte.

La cerámica surgió en el México antiguo a unas trescientas millas al oeste de Mitla en Puerto Marqués y La Zanja en Guerrero, posiblemente datando del año 2.400 a. C. El pueblo mokaya de Paso de la Amada, en el estado de Chiapas, fue el primero en construir arquitectura a gran escala, incluido el primer juego de pelota conocido en México alrededor del año 1.650 a. C. El juego de pelota se convirtió en una característica esencial en la mayoría de las otras culturas prominentes del antiguo México.

Los olmecas comenzaron a usar el calendario ceremonial de 260 días hacia el año 800 a. C., que el resto de las civilizaciones avanzadas del México antiguo adoptaron. Los primeros escritos conocidos en México fueron glifos simples tallados en el Bloque Cascajal por los olmecas en el siglo X a. C. Los mayas comenzaron a usar glifos pictóricos alrededor del año 900 a. C. Los zapotecas de Monte Albán desarrollaron jeroglíficos en el sistema logosilábico alrededor del año 500 a. C., y los mayas comenzaron a usar jeroglíficos sofisticados hacia el año 300.

Para entonces, los epi-olmecas habían desarrollado la escritura ístmica como se ve en un fragmento de cerámica en Chiapa de Corzo, en la costa del Pacífico. Aunque la escritura ístmica tenía similitudes estructurales con los jeroglíficos mayas y zapotecas, los tres sistemas de escritura se desarrollaron de forma independiente. Todos usaban símbolos pictóricos o logogramas para los sustantivos y algunos verbos, y usaban símbolos fonéticos para los sonidos, pero cada cultura escribía los símbolos de manera diferente.

Curiosamente, este legado literario no se extendió a otras civilizaciones mexicanas antiguas tan rápido como se esperaría. Teotihuacán y la capital tolteca de Tula solo muestran evidencia de glifos simples, a pesar de ser ciudades influyentes con copiosas interacciones con los mayas y zapotecas alfabetizados. Los mixtecos adoptaron el sistema logográfico utilizado por los zapotecas en la época del Posclásico, y los aztecas también copiaron una variante de la escritura zapoteca.

Los mayas dejaron impresionantes contribuciones en el arte y la arquitectura a la cadena de legado transmitida a otras culturas en México. Algunas innovaciones mayas en la arquitectura incluyeron pirámides extraordinariamente empinadas y altas, pirámides con lados redondeados, edificios de varios pisos, el arco voladizo y los techos voladizos. Una característica distintiva de la arquitectura maya es que los edificios no religiosos eran a menudo tan ornamentados como los templos. A los mayas les encantaba cubrir el exterior de los edificios con intrincadas tallas y relieves.

Los murales eran uno de los favoritos de los mayas, un amor que adoptaron de los olmecas. En Calakmul, en la base del Yucatán, tenían una pirámide pintada cubierta con paneles de murales que datan de alrededor del 600 al 700 d. C. Las vívidas pinturas mostraban a personas comunes en lugar de los reyes, sacerdotes o guerreros habituales. Alrededor de un tercio de las imágenes eran de mujeres, que rara vez se representaban en el arte maya u otro arte mesoamericano. Los jeroglíficos junto a los murales servían como leyendas que explicaban algunas de las escenas: preparando gachas de maíz, ofreciendo tamales para comer y sacando tabaco de un frasco. Proporcionan una imagen vívida de cómo los mayas que no pertenecían a la élite pasaban sus días y lo que vestían y consumían.

La pirámide pintada de Calakmul muestra la preparación y el servicio del brebaje de maíz
Bernard DUPONT, CC BY-SA 2.0 <https://creativecommons.org/licenses/by-sa/2.0>, vía Wikimedia Commons;
https://commons.wikimedia.org/wiki/File:Reproduction_of_Mural_from_Structure_I,_Calakmul.jpg

Mientras los mayas innovaron, los mexicas-aztecas se asimilaron. Como recién llegados al centro de México, llegaron después de vagar por los desiertos del noroeste durante décadas. Se detuvieron en Tula durante veinte años para absorber la majestuosa cultura de la ciudad tolteca casi abandonada. Pasaron por el pueblo fantasma de Teotihuacán, que era aún más impresionante que Tula. También deambularon por el sistema del lago de Texcoco y se contrataron como trabajadores y soldados para las otras tribus de la zona, reuniendo más información cultural. Cuando se asentaron en Tenochtitlan y establecieron su imperio, importaron orfebres y escribas mixtecos, estos últimos escribieron los códices que llenaron sus bibliotecas.

Los mexicas-aztecas asimilaron a Quetzalcóatl, Tláloc y otras deidades de las tribus que los rodeaban, pero se aferraron a su dios colibrí Huitzilopochtli. Adoptaron el arte y las esculturas toltecas como el chacmool y el muro de la serpiente en Tula. Aprendieron a escribir de los mixtecos y adoptaron el calendario mesoamericano. Estudiaron la arquitectura teotihuacana y viajaron allí para ofrecer sacrificios.

El México antiguo tenía varias familias lingüísticas primarias. El maya era la familia lingüística de las ciudades-estado mayas independientes dispersas por el sur de México y América Central. Los zapotecas, mixtecos y otomíes hablaban las lenguas otomangueanas. Los habitantes de Veracruz, Puebla e Hidalgo hablaban las lenguas totonacas. El náhuatl era el idioma de las tribus aztecas, los chichimecas y probablemente de los toltecas.

Teotihuacán era una ciudad multilingüe, en la que se hablaban las lenguas otomangueana, maya y totonaca. Teotihuacán probablemente usó una variante septentrional de la lengua otomangue como su lengua administrativa dominante. A finales del Clásico, cuando las tribus chichimecas emigraron hacia el sur, trajeron consigo el idioma náhuatl. El náhuatl pronto se convirtió en la lengua franca del Valle de México.

¿Cómo se desarrolló la creencia religiosa en el México antiguo? Algunos estudiosos creen que el centro y el sur de México tenían una religión expresada de varias maneras por los olmecas, mayas, teotihuacanos y zapotecas. Esta cosmología central fue transmitida a los mixtecos, toltecas y aztecas. Otros estudiosos argumentan que cada civilización principal tenía un sistema de creencias diferente, pero intercambiaron ideas con otras culturas y desarrollaron un sincretismo o mezcla de creencias.

Claramente, las culturas primarias del México antiguo compartían ideas religiosas comunes. Todos seguían el calendario sagrado de 260 días y creían que el mundo estaba originalmente cubierto por el agua y la oscuridad antes de la era actual. Todos adoraban a la deidad de la serpiente emplumada y creían que estaba involucrada en la creación. También todos adoraban a la deidad de la lluvia como un dios primario y le sacrificaban niños. Todos practicaban sacrificios humanos, pero los toltecas y los aztecas recordaban una época en la que no sacrificaban humanos. Creían que las personas iban a uno de los niveles del cielo o al inframundo cuando morían.

El calendario sagrado de 260 días, los sacrificios humanos, la serpiente emplumada y la deidad de la lluvia se remontan a los olmecas. Sin embargo, el dios olmeca de la lluvia era un hombre jaguar, no la criatura con colmillos de ojos saltones adorada por las culturas posteriores del antiguo México. El dios maya de la lluvia Chaac no siempre tuvo ojos saltones, pero sí colmillos. Tenía un cuerpo humano con escamas de reptil y una nariz caída que le cubría la boca.

Chaak, el dios maya de la lluvia
Gary Todd, CC0, vía Wikimedia Commons;
https://commons.wikimedia.org/wiki/File:Chaak_Vessel,_Mayapan,_Post_Classic,_1250-1450_AD.jpg

A pesar de no tener animales de carga ni tecnología de navegación, el comercio de larga distancia floreció en el antiguo México. En la era Clásica, Teotihuacán era un enorme centro de mercado con redes comerciales que se extendían desde el Pacífico hasta la costa del Golfo y hasta América Central. Sus socios comerciales más importantes eran los mayas. Teotihuacán tenía casi el monopolio del comercio de obsidiana, que intercambiaban por artículos de lujo, como plumas exóticas, chocolate y jade.

Cientos de años después, los aztecas de Tenochtitlan controlaban la mayor parte del comercio en el centro y sur de México. Los *pochtecas*, o mercaderes, incluso tenían un dios del comercio llamado Yacatecuhtli. Las sólidas redes comerciales del México antiguo llevaban información técnica, como técnicas agrícolas y metalurgia. Se compartieron ideas religiosas y se difundieron ideas innovadoras sobre el arte y la arquitectura. El floreciente comercio tuvo un impacto indeleble en la cadena de legado cultural y tecnológico del México antiguo.

Puntos clave:

- ¿Cómo se vinculan el arte y la arquitectura con el desarrollo cultural?
    - El arte y la arquitectura permiten vislumbrar el desarrollo cultural dentro de las culturas.
    - El arte y la arquitectura pueden ser utilizados como propaganda para promover el cambio cultural o imponer ideologías políticas y religiosas.
- Una cadena heredada de las culturas más antiguas y posteriores del México antiguo
    - La agricultura sofisticada, la cerámica y el juego de pelota se desarrollaron en el oeste de México
    - Los olmecas y los mayas usaron los primeros glifos simples
    - Los zapotecas utilizaron los primeros jeroglíficos sofisticados, seguidos por los mayas y los epi-olmecas
    - Mixtecos y aztecas adoptaron el sistema de escritura zapoteca
- Factores que influyeron en la cadena heredada o fueron influenciados por ella
    - legado maya de arte y arquitectura; Asimilación azteca de múltiples culturas
    - Desarrollo lingüístico y adopción de diferentes idiomas
    - Evolución de las creencias religiosas
    - El impacto de las relaciones comerciales entre civilizaciones

Conclusión

Los legados del México antiguo perduraron durante la época colonial y continúan dando forma al México moderno. Si no fuera por sus antiguas civilizaciones, ¿sería México la nación que es hoy? ¿Sería nuestro mundo el mismo?

Los olmecas introdujeron muchas "primicias" en México y en el mundo. Hacia el año 1.700 a. C., los olmecas tostaban granos de cacao para hacer una bebida de chocolate, que se hizo muy popular entre la élite de México. Los españoles introdujeron el chocolate en Europa a principios de 1.500, y pronto, los envíos de granos de cacao viajaban desde Veracruz a España, donde el chocolate caliente se convirtió en un manjar de la corte. Hoy en día, las personas consumen 7,5 millones de toneladas de productos de chocolate en todo el mundo.

Los olmecas y los mayas comenzaron a usar glifos pictóricos simples alrededor del año 900 a. C., y hacia el 500 a. C., los zapotecas desarrollaron jeroglíficos complejos con símbolos para sustantivos y sonidos. Posteriormente, los mayas, epi-olmecas, mixtecos y aztecas desarrollaron lenguajes escritos. Esta alfabetización significó que se conservó una parte considerable de la historia del México antiguo.

Los frailes franciscanos pensaban que los indígenas estarían más abiertos al cristianismo si lo introducían en sus lenguas. Los frailes aprendieron náhuatl, lo convirtieron al alfabeto latino y luego enseñaron a los jóvenes a leer su idioma con el alfabeto. Los frailes franciscanos entrevistaron a los indígenas sobre su cultura e historia y leyeron sus códices. Fray Bernardino de Sahagún tradujo los Evangelios y los Salmos al náhuatl y registró la cultura y la historia azteca en el Códice Florentino. Fray Diego Durán escribió el Códice Durán o la *Historia de las Indias de Nueva España* en 1581, traduciendo de los documentos aztecas.

Los frailes dominicos desafiaron a Sahagún y Durán, considerando que todos los aspectos de la cultura de los pueblos indígenas eran malos, incluida su lengua. Los dominicos destruyeron códices y artefactos de valor incalculable para imponer la cultura española. Pero parte de la historia antigua de México se conservó gracias a los franciscanos. Las lenguas antiguas sobrevivieron, con 1,5 millones de personas que hablan náhuatl hoy en día y 4,5 millones de mexicanos que hablan otras lenguas indígenas.

Tanto los franciscanos como los dominicos se alegraron cuando los indígenas aceptaron rápidamente ser bautizados como católicos. No se dieron cuenta de que la mayoría simplemente añadía a la Virgen María y a Jesús a su sistema politeísta. Los aztecas habían impuesto el culto a Huitzilopochtli a los pueblos conquistados de México, al tiempo que les permitían conservar sus propios dioses. Estaban acostumbrados a este sistema y simplemente agregaron el catolicismo a la mezcla. Sin embargo, descartaron por completo el Huitzilopochtli, junto con los sacrificios humanos.

Algunas de las prácticas religiosas del México antiguo han continuado hasta el día de hoy en una mezcla sincretista con el cristianismo católico. Por ejemplo, los descendientes aztecas del norte de Veracruz adoran a Ometotiotsij, el antiguo dios azteca Ometeotl. También conocido como el Padre del Cielo Tonacatecuhtli, él y su esposa Tonacacihuatl (Madre Tierra) crearon el universo y el resto de los dioses en la cosmología mexicana antigua.

El Día de Muertos, que se celebra en todo el México actual, se originó en un festival azteca que celebraba a Mictlantecuhtli y Mictecacihuatl, Señor y Señora del Inframundo. Algunos indígenas de la región de Puebla adoran al "Cristo Solar", a quien asocian con el dios sol Tonatiuh. Muchos mexicanos creen que la antigua diosa azteca de la tierra madre Tonantzin es Nuestra Señora de Guadalupe (la Virgen María). La Basílica de Guadalupe fue construida sobre un templo dedicado a Tonantzin en la actual Ciudad de México.

Mientras inventaban el chocolate, los olmecas también mezclaban la savia del árbol del caucho y las enredaderas de gloria de la mañana para hacer pelotas de goma. Este invento dio lugar al juego de los ulamas, que rápidamente impactó en el resto del centro y sur de México, donde se han desenterrado más de dos mil juegos de pelota antiguos. El ulema todavía se juega hoy en Sinaloa, México, lo que lo convierte en el deporte más largo de la historia. Cuando los españoles aparecieron tres mil años después, se deleitaron con las pelotas de goma y el juego de los ulemas. Cortés envió un equipo de pelota con pelotas hinchables para actuar para el rey Carlos en 1528.

A lo largo de los siglos, los europeos experimentaron con el caucho, formando gomas de borrar en 1770, impermeables de goma en 1824 y suelas de zapatos y neumáticos de bicicleta en la década de 1880. En 1856, Charles Goodyear inventó los balones de fútbol hechos de caucho vulcanizado. Antes de esto, los equipos usaban vejigas de cerdo para jugar un prototipo de fútbol, similar al juego de los ulemas mexicanos. La principal diferencia era que la pelota podía tocar el suelo y ser pateada con los pies. En ulama, los jugadores golpean la pelota con la cabeza, los codos, las piernas y las caderas para mantenerla en el aire y en juego. Hoy en día, el fútbol americano (o soccer en Estados Unidos) es el deporte número uno de México y el más popular a nivel mundial, gracias a los olmecas y sus pelotas hinchables.

Muchos de los colonos españoles de México eran hombres solteros, o dejaron atrás a sus esposas. Tomaban como esposas o amantes a mujeres indígenas, que daban a luz a niños *mestizos*. En el México de hoy, el 93 por ciento de la población desciende, al menos parcialmente, de los antiguos pueblos de México, y el 15 por ciento son completamente indígenas. El legado del México antiguo sigue vivo a través de su gente.

Vea más libros escritos por Enthralling History

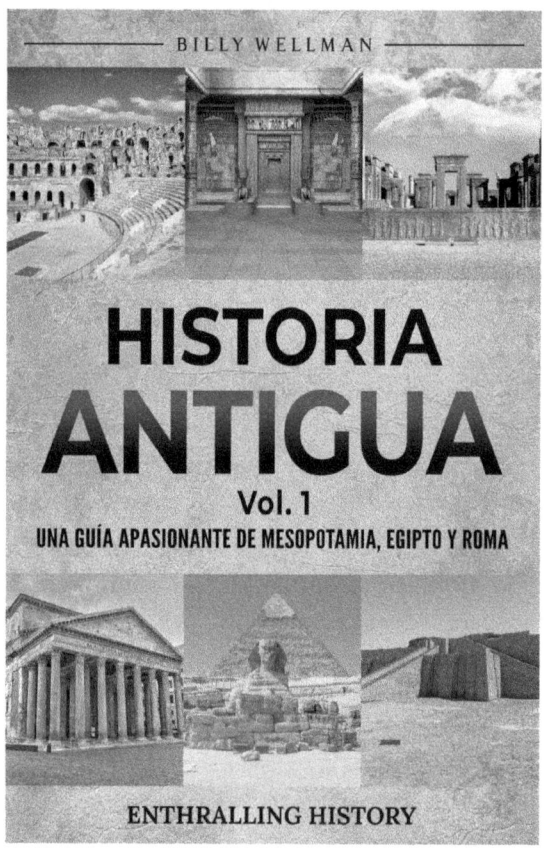

Bibliografía

Blomster, J.P., y Chávez Salazar. "Orígenes del Juego de Pelota Mesoamericano: El Juego de Pelota Más Antiguo de las Tierras Altas Encontrado en Etlatongo, Oaxaca, México". *Science Advances* 6, no. 11 (13 de marzo de 2020). doi: 10.1126/sciadv.aay6964. PMID: 32201726; PMCID: PMC7069692.

Carballo, David M. *Urbanización y religión en el antiguo centro de México*. Nueva York: Oxford University Press, 2016.

Carter, Robert F. "El primer astillero de América del Norte". *El Ingeniero Militar* 57, no. 379 (1965): 338-40. http://www.jstor.org/stable/44571688.

Coe, Michael D., Javier Urcid, Rex Koontz. *México: De los olmecas a los aztecas*. Nueva York: Thames & Hudson, 17 de septiembre de 2019.

Coe, Michael D. *Los Mayas (Serie Pueblos y Lugares Antiguos)*. Londres y Nueva York: Thames & Hudson, 1999.

Cortés, Hernán. *Cartas y Relaciones de Hernán Cortés al Emperador Carlos V*. Editado por Pascual de Gayangos. París: A. Chaix, 1866. https://www.cervantesvirtual.com/nd/ark:/59851/bmc0974782

Cowgill, George L. *Antiguo Teotihuacán: Urbanismo temprano en el centro de México (Estudios de caso en sociedades tempranas)*. Cambridge: Cambridge University Press, 2015. Cowgill, George L. "Estado y sociedad en Teotihuacán, México". *Revista Anual de Antropología* 26 (1997): 129-61. http://www.jstor.org/stable/2952518.

Demarest, Arturo. *Antiguos mayas: el ascenso y la caída de una civilización forestal*. Cambridge: Cambridge University Press, 2004. ISBN 978-0-521-53390-4. OCLC 51438896.

Díaz del Castillo, Bernal. *La conquista de la Nueva España*. Traducido por J. M. Cohen. Harmondsworth, Inglaterra: Penguin Books, 1963 [1632].

Elzey, Wayne. "Una colina en una tierra rodeada de agua: una historia azteca de origen y destino". *Historia de las Religiones*, 31, no. 2 (1991):105-49. http://www.jstor.org/stable/1063021.

Evans, Susan T. *México Antiguo y América Central: Arqueología e Historia de la Cultura*. Londres: Thames and Hudson, 2004.

Flannery, Kent V. y Joyce Marcus. "Las Sociedades Jerárquicas Oaxaqueñas y el Intercambio con los Olmecas". *Arqueología Mexicana*, 87, (2007): 71-76.

Frey, Georges. "La conquista sin fin de Yucatán". *Arqueología Popular*. 14 de enero de 2022.

García-Des Lauriers, Claudia, ed. y Tatsuya Murakami, ed. Teotihuacán y Mesoamérica del Clásico Temprano: Perspectivas Multiescalares sobre el Poder, la Identidad y las Relaciones Interregionales. Louisville: University Press of Colorado, 2021.

Grennes-Ravitz, Ronald A. y G. H. Coleman. "El papel por excelencia de los olmecas en el altiplano central de México: una refutación". *Antigüedad Americana* 41, no. 2 (1976): 196-206. https://doi.org/10.2307/279172.

Hassig, Ross. *Tiempo, historia y creencias en el México azteca y colonial*. Austin: University of Texas Press, 2001.

Hassig, Ross. *Guerra y sociedad en la antigua Mesoamérica*. Berkeley: University of California Press, 1992.

Headrick, Annabeth. La *Trinidad de Teotihuacán: La Estructura Sociopolítica de una Antigua Ciudad Mesoamericana (The William and Bettye Nowlin Series in Art, History, and Culture of the Western Hemisphere)*. Austin: University of Texas Press, 2017.

Hipólito, Daniel Santos y José Antonio Casanova Meneses. "Armas Mixtecas Acercan al Público al Arte de la Guerra entre los Mixtecos durante el Posclásico". *Instituto Nacional de Antropología e Historia* 36 (febrero 2018). https://inah.academia.edu/DanielSantosHipolito

Historia y Mitología de los Aztecas: El Códice Chimalpopoca. Traducido por John Bierhorst. Tucson: The University of Arizona Press, 1992.

Hirth, Kenneth G., David M. Carballo y Bárbara Arroyo. *Teotihuacán: el mundo más allá de la ciudad*. Washington, D.C.: Dumbarton Oaks, 2020.

Holt Mehta, Haley. *Encuentros coloniales, criollización y la diáspora zapoteca del período clásico: cuestiones de identidad de El Tesoro, Hidalgo, México*. Tesis doctoral, Universidad de Tulane, 2019.

Hosler, Dorothy, Sandra Burkett y Michael Tarkanian. "Polímeros prehistóricos: procesamiento del caucho en la antigua Mesoamérica". *Ciencia*. 18 de junio de 1999, 1988-91. doi:10.1126/science.284.5422.1988. OCLC 207960606. PMID 10373117.

Houston, Stephen y David Stuart. Estuardo, David. "De dioses, glifos y reyes: divinidad y gobierno entre los mayas clásicos". *Antigüedad* 70, no. 268 (1996): 289-312. doi:10.1017/S0003598X00083289.

Inomata, T, D., F. Triadan, F. Pinzón y K. Aoyama. "Construcción de Meseta Artificial durante el Periodo Preclásico en el Sitio Maya de Ceibal, Guatemala". *PLoS Uno*. 30 de agosto de 2019; 14(8):E0221943. doi: 10.1371/journal.pone.0221943. PMID: 31469887; PMCID: PMC6716660

Joyce, Arthur A. "Interacción interregional y desarrollo social en la costa de Oaxaca". *Antigua Mesoamérica*. 4, no. 1 (1993): 67-84. http://www.jstor.org/stable/26307326.

Kennedy, Alison Bailey. "Ecce Bufo: El Sapo en la Naturaleza y en la Iconografía Olmeca". *Antropología Actual* 23, no. 3 (1982): 273-90. http://www.jstor.org/stable/2742313.

Manzanilla, Linda R. "Cooperación y tensiones en sociedades corporativas multiétnicas utilizando Teotihuacán, México central, como estudio de caso". *Actas de la Academia Nacional de Ciencias*. 112, no.30 (marzo 2015): 9210-15. https://doi.org/10.1073/pnas.1419881112

Matthew, Laura E. y Michel R. Oudijk. *Conquistadores indios: aliados indígenas en la conquista de Mesoamérica*. University of Oklahoma Press, 22 de octubre de 2012.

McVicker, Donald. "Los mexicanos 'mayanizados'". *Antigüedad Americana* 50, no. 1 (1985): 82-101. https://doi.org/10.2307/280635.

Miller, Mary Ellen. *El Arte de Mesoamérica: De Olmeca a Azteca (Mundo del Arte)*. Thames y Hudson, 2019.

Morán, Bárbara. "Lecciones de Teo". *The Brink: Universidad de Boston*, 2015. https://www.bu.edu/articles/2015/archaeology-teotihuacan-mexico/

Pasztory, Esther. *Teotihuacán: un experimento de vida*. Norman: Editorial de la Universidad de Oklahoma, 1997.

Pomar, Juan Bautista de. "Relación de Tezcoco", en *Relaciones de la Nueva España*, editado por Vázquez Chamorro. Madrid: Historia 16, 1991.

Powis T. G., A. Cyphers, N. W. Gaikwad, L. Grivetti y K. Cheong. "El uso del cacao y el olmeca de San Lorenzo". *Actas de la Academia Nacional de Ciencias*, 108 (21) (2011): 8595-600, https://www.researchgate.net/publication/51110764_Cacao_Use_and_the_San_L orenzo_Olmec

Pratt, John P. "La historia tolteca de Ixtlilxochitl", 1 de agosto de 2019, https://www.johnpratt.com/items/docs/2019/ixtlil.html

Recker, Jane. "Investigadores descifran los glifos en un friso de 1.300 años de antigüedad en México". Smithsonian Magazine, 8 de marzo de 2022.

https://www.smithsonianmag.com/smart-news/researchers-decipher-the-glyphs-on-a-1300-year-old-frieze-in-mexico-180979691/

Robb, Matthew, ed. *Teotihuacán: Ciudad del Agua, Ciudad del Fuego*. Berkeley: University of California Press, 2017.

Sabloff, Jeremy A. "Depende de cómo veamos las cosas: nuevas perspectivas sobre el período posclásico en las tierras bajas mayas del norte". *Actas de la Sociedad Filosófica Americana* 151, no. 1 (2007): 11-26.
http://www.jstor.org/stable/4599041

Sahagún, Fray Bernardino de. *Historia General de las Cosas de Nueva España*. Editado por Francisco del Paso y Troncoso. Madrid: Fototipia de Hauser y Menet, 1905.

Schroeder, Susan, ed. La conquista de *Chimalpahin: la reescritura de un historiador nahua de La conquista de México de Francisco López de Gomara*. Redwood City: Stanford University Press, 2010.
https://doi.org/10.1515/9780804775069-184

Shook, Edwin M. y Alfred V. Kidder. "Montículo E-III-3, K'aminaljuyu, Guatemala". En *Contribuciones a la Antropología e Historia Americanas*, Vol. 9 (53) (1952): 33-127. Washington DC: Institución Carnegie de Washington.

Smith, Michael E., Abhishek Chatterjee, Angela C. Huster, Sierra Stewart y Marion Forest. "Complejos de apartamentos, hogares y población en la antigua ciudad de Teotihuacán, México". *Antigua Mesoamérica* 30, no. 3 (2019): 399-418. doi:10.1017/S0956536118000573.

Smith, Michael E. y Kenneth G. Hirth. "El desarrollo de la tecnología prehispánica de hilado de algodón en el oeste de Morelos, México". *Revista de Arqueología de Campo* 15 (1988): 349-358.

Spence, Lewis. *Los mitos de México y Perú*. Londres: George Harrap, 1913.
https://www.sacred-texts.com/nam/mmp/index.htm

Sprajc, Ivan, Takeshi Inomata y Anthony F. Aveni. "Orígenes de la Astronomía y el Calendario Mesoamericano: Evidencia de las Regiones Olmeca y Maya". *Avances Científicos* 9, no. 1 (2023). doi:10.1126/sciadv.abq7675.

Sugiyama, Nawa, Saburo Sugiyama y Alejandro Sarabia. "Dentro de la Pirámide del Sol en Teotihuacán, México: Excavaciones 2008-2011 y resultados preliminares". *Antigüedad Latinoamericana* 24, no. 4 (2013): 403-32.
http://www.jstor.org/stable/23645621.

Taube, Karl A. "La Cueva de Origen de Teotihuacán: La Iconografía y la Arquitectura de la Mitología de la Emergencia en Mesoamérica y el Suroeste de América". RES: *Antropología y Estética*, no. 12 (1986): 51-82.
http://www.jstor.org/stable/20166753.

Townsend, Richard F. *Los aztecas* (3ª, ed. revisada). Londres: Thames & Hudson, 2009

www.ingramcontent.com/pod-product-compliance
Lightning Source LLC
Chambersburg PA
CBHW060044191225
37038CB00004B/97